ひとつ拾えば、ひとつだけきれいになる

心を洗い、心を磨く生き方

鍵山秀三郎

亀井民治［編］

PHP研究所

まえがき

贅沢を尽くしても、よい暮らしをしているとはいえない人がいる一方で、普通の暮らしをしながら豊かな人生を歩む人もいます。

その差は、その人の持つ生活感の質と量とによって決まるものと思います。

老齢に至った私は、日々の暮らしや人様とのご縁によって身につけてきた生活感を、さまざまな機会に言葉や文字で表して参りました。

それを、このたび亀井民治氏が整理し編集してくださいました。

皆様のお役に立てれば幸いに存じます。

平成十八年六月

鍵山秀三郎

目次

ひとつ拾えば、ひとつだけきれいになる

◉ 第二章　掃除をやりとげる心

◉ 第三章　人とのご縁を大切にする

第四章　無駄な努力はない

◉第五章　苦境の乗り越え方

◉第六章　人間力を高める

第十章　この社会に生きる

終章　国を滅ぼさぬために

装丁：石間　淳

第一章

凡事徹底こそ

凡事徹底こそ

私がいままで歩いてきた人生をひと言で表現すると、「凡事徹底《ぼんじてってい》」、つまり「誰にでもできる平凡なことを、誰にもできないくらい徹底して続けてきた」ということに尽きます。

人が見過ごしたり、見逃したり、見捨てたりしたものをひとつひとつ拾い上げ、価値を見出す。やれば誰でもできる平凡なことを徹底して、そのなかで差をつける。

そんな信念を持って、いままで生きてきました。

ともすると人間は、平凡なことはバカにしたり、軽くあしらいがちです。難しくて特別なことをしなければ、成果が上がらないように思い込んでいる人が多くいます。

そんなことは決してありません。世の中のことは、平凡の積み重ねが非凡を招くようになっています。

いつも難しくて大きなことばかりを考える人は、失敗したり続かなかったりして元へ戻ってしまうことが多いものです。

できそうにない特別なことばかり追いかけるよりも、誰にでもできる平凡なことを少しずつでも積み重ねていけば、とてつもなく大きな力になることを知るべきです。

平凡なことを徹底して続ければ、平凡のなかから生まれてくる非凡が、いつかは人を感動させると確信しています。

運命を切り開く具体的方法

「運命はその人の性格の中にあり」（芥川龍之介）

何事かをなしとげるのは、その人の才能ではなく、性格です。性格を変えるためには、いままでの考え方を変え、習慣を変えることです。そうすれば運命が変わります。

具体的には「下座行《げざぎょう》」に取り組むことがもっとも効果的だと思います。「下座行」とは、自分の身を低くして、手足を汚すことを厭《いと》わずに行うこと。しかも、人から顧《かえり》みられないようなことを実践することです。

「下座行」が性格を変えるのに効果的なのは、自分自身の行いを通して自ら学ぶことができるからです。私は「下座行」ともいうべきトイレ掃除を、四十年以上続けてきました。掃除に参加した人に、雑巾《ぞうきん》の絞り方まで細かく指導することがあります。あえて注意するのは、よいと思われることを確実に実行してほしいからです。自分を変えるきっかけは、身体を通して実感することから始めてもらいたいからです。

次に、私なりの運命を切り開く具体的な方法を列記してみます。

①「自分の運命を変えるためにできることは何か」を自問自答する。

②答えが見つかったら即実践。

③その際、やるべきことの大小、軽重《けいちょう》は無関係。

④大切なことは、手間ひまを惜しまず一所懸命打ち込むこと。

こうした実践を積み重ねることで、必ず運命は変わります。

ひとつ拾えば、ひとつだけきれいになる

「ひとつ拾えば、ひとつだけきれいになる」

私の信念を込めた言葉です。

何事を始めるにも、大切なことは、一歩を踏み出す勇気。まずこの一歩を踏み出さなければ、前に進むことはできません。どんなに優れた考えでも、実行されなければ、栄光の女神《めがみ》も微笑《ほほえ》んでくれません。スタートしなければ、ゴールもないのです。よいと思ったことはすぐ行動する。悪いと思ったことはすぐやめる。即行即止。この実行力が人生を左右します。

具体的には足元のゴミを拾う実践から始めることです。

ゴミを目にしたら、腰をかがめてサッと拾う。この実践を続けているだけで、気づきに対する直観力が研《と》ぎ澄《す》まされてきます。同時に、突発的な問題に対する判断能力が高まってきます。

ゴミを拾っていて感じることは、ゴミを捨てる人は捨てる一方。まず、拾うことはしないということです。反対に、拾う人は無神経に捨てることもしません。この差は年月がたてばたつほど大きな差となって表れてきます。人生はすべてこうしたことの積み重ねですから、ゴミひとつといえども小さなことではありません。

いつも「志は高く、実践は足元から」。

この姿勢こそが大切な心構えです。

第一、足元のゴミひとつ拾えぬほどの人間に何ができましょうか。

よいことに手を使う

頭のよい人とは、よいことを考える人のことです。特別な能力を持つとか、優秀な大学を出ていなければならないというようなことではありません。どんなに立派な学歴があっても、どんなに社会的な肩書があっても、悪いことを考える人は頭の悪い人なのです。

頭のよい人になるためには、よいことを考えて、よいことに自分の手を使うことです。人間の手と頭は連動しています。頭がよいことを考えると、必ず、手がよいことをする。手がよいことをすれば、必ず、頭がよいことを考えるようになっています。

頭でよいことを考えながら、手だけが悪いことをすることは絶対ありません。頭のよい人というのは、必ず、よいことに手を使っているものです。

私は永年、人の嫌がる便器や床を素手で掃除してきました。トイレ掃除のよいところは、始める前と終わったあと、はっきりとした差を確認できることです。そのぶん、達成感を味わうことができます。終わったあと、いうにいわれぬ爽快《そうかい》感を味わえるのもトイレ掃除ならではの醍醐味《だいごみ》です。

気分がさわやかになると、頭も冴《さ》えてきて、心も澄んできます。少なくとも、何か悪いことをしようなどという気持ちにはなりません。

自分の手をよいことに使うからだと思います。

はきものをそろえる

「はきものをそろえると、心もそろう。
心がそろうと、はきものもそろう。
脱ぐときにそろえておくと、はくときに心がみだれない。
だれかがみだしておいたら、だまってそろえておいてあげよう。
そうすればきっと、世界中の人の心もそろうでしょう」
長野にある円福寺の和尚、藤本幸邦老師の有名な詩です。
この詩は、当社でもポスターにして利用させていただいています。
はきものがきちんとそろえてあるだけで、不思議と心が落ち着き、気持ちがいいものです。当社も社内旅行をする場合、宴会場出入口のはきものは、必ずそろえるように徹底しています。

浴場出入口で脱ぎ散らかしてあったスリッパをキチンとそろえておいても、出るとき雑然と乱れていることがあります。そんなとき、何十足もある場合はともかく、十足前後の場合であれば、必ず、全部のスリッパを整然とそろえて浴場をあとにしています。

私には子供が二人います。

子供にこれといった躾《しつけ》をした記憶はないのですが、物心ついたころからはきものだけはきちんとそろえていました。いやなことや耐え難いことがあって帰宅したとき、玄関に小さな靴がちょこんとそろえてあるだけで、どれだけ救われたことかわかりません。

子供の教育

正直に申しまして、私は子育てで思い悩んだことはありません。子供を叱ったり、怒鳴ったりしたこともありません。

特別な教育をしてきたわけではないのですが、これといった問題もなく二人の子供は育ったように思います。

もっとも、子供に教育が必要な時期、私は、仕事で日本全国を飛び回っていました。現在もそうですが、一年のうち約五分の三は出張。家族みんなで、どこかに旅行したという記憶もないくらいです。したがいまして、子供の教育を考える余裕すらありませんでした。

それだけに、子供を教育するという気持ちよりも、子供に対して「申し訳ない」という気持ちが私のなかにいつもありました。

そんな気持ちがあったからだと思います。せめて子供の前で、だらしない姿を見せないように心がけてきました。

たとえ、どんなに疲れて帰ってきたときでも、子供の前で寝転がるようなことをしたことがありません。

そんな私が、人からよく、子育てについての相談を受けることがあります。そのとき私が、決まり文句のようにお話しするのは、次のようなことです。

「子供が、あなたのことを気の毒に思うほどの仕事への取り組み、生き方をしてみてください」

習慣が人物を左右する

人間は、それがどんなものであれ、自分の習慣が大好きです。習慣は誰から与えられたものでもありません。これまでの人生で自分自身が培《つちか》ってきたものだからこそ、愛着を感じるのだと思います。

いろいろな習慣のなかでも、早起きをする。きちんと挨拶《あいさつ》をする。といった「よい習慣」ほど、努力しないと身につきません。そこには苦痛が伴うからです。

近年、ちょっとした苦痛が伴うだけで逃げ出してしまう人が増えています。そのぶん、昔の日本人に比べ「よい習慣」を身につけている人の数も減っているように思います。

私は「よい習慣」を身につけていない人は信用しません。

どんなに高い地位や肩書、学歴を持っていても関係ありません。

「よい習慣」をどれだけ身につけているかを基準に、人を判断するようにしています。

「よい習慣」を身につけている人は、行動に人格が表れます。

商売をしている人は、お店の雰囲気に表れます。

物をつくっている人は、物づくりに表れます。

人間は習慣の動物であり、習慣が人格を形成するからです。

「習慣は第二の才能である」とか「習慣が変われば、人生が変わる」といわれる所以《ゆえん》ではないでしょうか。

よい習慣を身につける法

自分の人生を急によくしようとしても、よくなるものではありません。ひとつひとつ、「よい習慣」を身につける努力をする。これ以外に、方法がありません。

人間は九五%を習慣で生きているといわれます。だとするならば、九五%で生きている習慣を「よい習慣」に変える。このことが人生をよくする具体的な方法ということになります。永年、慣れ親しんできた自分の習慣を変えるのは、簡単にできることではありません。

たとえば、右利きを左利きの習慣に変えるだけでも、大変な努力を必要とします。ところが、いったん左利きが習慣になりますと、意識して努力することなく生活することが可能になる。このように、習慣は一度身についてしまえば、生涯《しょうがい》、無意識に使える便利なものです。「よい習慣」を身につけるためには、いったんやり始めたよいことを継続することです。

継続しながら、常に工夫を加える。さらに大切なことです。どんなに好きな食材があったとしても、毎日食べ続けていたら飽きてしまいます。しかし、調理方法や味つけ、盛りつけ方を工夫すれば、毎日でもおいしく食べられます。このように、工夫は継続のエネルギー。工夫しない人は継続できません。くれぐれも「よい習慣」を身につけるための必要な努力から逃げないことです。

継続する秘訣

ことわざに「継続は力なり」とも「雨垂《あまだ》れ石を穿《うが》つ」ともいいます。身の回りの小さな平凡なことでも、継続すると大きな力になるという教えです。もともと、人間の能力にそんな大差があるものではありません。強いていえば、続けているか、そうでないかくらいの差ではないかと思います。

過去四十年以上の間、私は掃除を続けてきました。続ける過程で、何度やめようと迷ったか数しれません。迷って戻り、戻っては迷いながら今日まで続けてきました。迷いはしましたが、どう考えてみても、掃除以外、私にできるいい方法が見つからなかったのです。

特別な能力を持ち合わせていなかった私には、掃除をする道しか選択の余地が残されていなかったのです。

続ける励みになったのは、たえず工夫改善して進歩することでした。たとえば、同じ範囲の掃除をするのであれば、時間を短縮する。逆に、同じ時間をかけて掃除をするのであれば、範囲を広げる。

少しでも進歩したことが実感できるようになったら、楽しくなってきました。楽しくなったら、続けることに迷いがなくなってきました。進歩しないことは、続きません。

継続する秘訣《ひけつ》は、現状に甘んじることなく常に工夫改善すること。そのうえで、コツコツ努力する以外に方法はありません。

おっくうがらない

掃除は誰にでもできるごく単純な作業です。ところが、単純な作業ほど、工夫の余地が数多くあるものです。

たとえば私は、落ち葉を掃《は》くとき、葉っぱの種類によってほうきを使い分けます。また、風が強い日は、風上から風下へ向かって掃いていきます。掃除を効率よく進めることができるからです。

こうした工夫は、掃除をしながら、ふと気づくことばかり。問題は、気づいたことをすぐ試してみるか。それとも、面倒くさいからといっていままでのやり方でそのまま続けるか。ほんの少しの差ですが、数年続けると大きな差となって表れてきます。

仮に、AからBに変えれば大きな成果が出ることが明らかな場合、ほとんどの人がやり方を変えます。しかし、Bに変えたほうがよいことはわかっていても、結果にほとんど差がない場合、それでも、あえてやり方を変える人はそんなにいないものです。

私は、ほんの少しでも「いい」と気づいたことは、その場でBに変えるようにしてきました。もちろん、実際変えてみて「よくない」とわかることもあります。そんなときは、元に戻すか別なやり方を考える。このように、常に掃除のやり方を工夫してきました。

気づいたことを面倒くさがらずに、処理していますと、さらに大きな気づきに出合います。その気づきが、次の工夫につながります。

例外をつくらない

掃除は、たまにまとめてやっても価値が半減します。毎日掃除をするからこそ、意味があります。

私は、毎日の掃除を通して、積み上げることの大切さを体感し学ぶことができました。人様がたまにやることを、しょっちゅうやる。また、人様がときどき気にかけることを、いつも気にかける。そういう考え方で掃除を続けてきました。

きれいに洗った車で出かけても、すぐ汚れることもあります。それでも洗って出かけるようにしています。

人間というのは「今日はもうじき雨が降りそうだ」「明日は降りそうだ」「近いうちに降りそうだ」などと理由をつけて、「今日はまあいいか」となりがちです。そうなると「そのうち一気にまとめてやろう」などといってやらないものです。

「掃除は天候に関係なく毎日実施」と決めてしまえば、迷うことがなくなります。「晴れたら実施。雨なら中止」というように、あいまいな基準をつくるから、やったりやらなかったりというようなことになります。

掃除を休まず続けるためには、例外をつくらないことです。

平日はもちろん、日曜祭日も私は出社して掃除をしています。天候に関係なく掃除をするのは当然のことです。

十年偉大なり

中国の言葉に「十年偉大なり、二十年畏《おそ》るべし、三十年歴史なる」という名言があります。この名言は、継続する意味を見事に言い表した言葉です。私も座右の銘にし、勇気づけられている言葉です。

振り返りますと、私の掃除人生も、まさにこの言葉通りでした。

会社を創業して、最初の十年間はほとんど私ひとりだけで掃除をしていました。十年過ぎるころから、ひとり二人と手伝ってくれる社員が現れるようになりました。二十年になるころは、ほとんどの社員が掃除を手伝ってくれるようになり、自分たちで会社と近隣の道路を掃除する社風が定着しました。

同時に、仕入先やお客様から掃除をする社風が評価されるようになりました。二十年を過ぎるころには、仕事に直接関係のない方々が掃除研修に来社されるようになりました。三十年過ぎるころから日本全国に「掃除に学ぶ会」ができ、地域の学校や公園のトイレを掃除するようになりました。

並行して、外国にも飛び火し、ブラジルをはじめ中国・台湾・ニューヨークでも開催されるようになりました。

四十年過ぎた現在、治安対策の一環として地域社会の掃除もしています。少しずつですが、確実にその輪は広がり、いまや国民運動の様相を呈しています。

第二章

掃除をやりとげる心

悪は汚いところからはびこる

毎月一回、新宿駅近辺の掃除をします。夏場は朝五時三十分から、冬場は六時から約一時間半。毎回の参加人数は、約百五十名前後。早朝にもかかわらず、新宿は人波の絶えるときがありません。朝帰りと思われる通行人のなかには、まだ酔いが醒《さ》めやらず絡《から》んでくる人もいます。広場にはところどころ、よからぬ人たちがうろうろしている姿も見受けられます。ところが、私たちが掃除を始め、終わるころになりますと、そういう人たちの姿が見当たらなくなります。きれいな場所になって居心地が悪くなるからでしょうか。

おもしろい現象ですが、人間の心理ではないかと思います。

きれいな菜の花には蝶々《ちょうちょう》が舞い、汚物にはゴキブリやウジが湧《わ》きます。学校も、悪いことをする生徒は決まって汚いトイレのなかや校舎の裏でたむろするものです。

悪者が伊勢神宮や明治神宮に集まって、たむろしているということを聞いたことはありません。また、きれいに掃き清められた境内で、立ち小便をする人もいません。

悪いことは、いつも汚いところからはびこる。反対に、きれいにしていると、悪者が寄りつかなくなる。いや、寄りつきづらくなる。

きれいにしたことで、新宿の犯罪率も大幅に減少しました。

「心」と「気持ち」

いままで永年続けてきたトイレ掃除には、多くの学びがありました。私が参加したトイレ掃除は、学校だけでも四百校を下りません。現在でも毎月三〜五校は参加していますので、その数は毎月更新中です。

その体験から得た私の確信は、トイレ掃除をすると例外なく生徒の気持ちが変わるという事実。手がつけられないほどの問題校でも必ずよくなるという事実。果たして、その心理的根拠は何なのか。

「心」と「気持ち」について説明します。

まず、人間の「心」と「気持ち」は、同じではないということです。

もともと人間の心は、どんな悪人でも純粋で素直。この「心」に対して、外的影響でころころ変化していくのが「気持ち」。

したがって、「心」がそのまま「気持ち」に伝達されるようになれば、いつも純粋で素直な「気持ち」を維持することができるというわけです。

そのためには、常に、「心」と「気持ち」を流れやすいパイプでつないでおくこと。つまり、変わりやすい「気持ち」を変わらない「心」でいつもコントロールできるようにしておくことです。

ところが残念なことに、「心」と「気持ち」をつなぐパイプが詰まっている人が多すぎます。

トイレ掃除によって、生徒や学校が変わるのは「心」と「気持ち」をつなぐパイプが通りやすくなるからではないかと思います。

掃除をすると謙虚な人になれる

どんなに才能があっても、傲慢《ごうまん》な人は人を幸せにすることができません。人間としての第一条件は、まず謙虚であること。その点、トイレ掃除をしていると、自然と謙虚な気持ちになります。

トイレ掃除をして傲慢になったという話は聞いたことがありません。トイレ掃除を続けていると、例外なく謙虚な人間になります。

自分が謙虚になると、自分と接する周囲の人々の対応も自然に変わってきます。いままで挨拶もしなかったような人が、挨拶をしてくださるようになります。

とかく私たち人間は、自分のことは棚に上げて、相手だけを変えようとするものです。しかし、自分の思うように相手を変えようとしても、金輪際《こんりんざい》変わるものではありません。相手を変えようと願うのであれば、まず自分自身を変えることが先決。自分が変わったぶんだけ、相手も必ず変わります。

「私が私を捨てれば、そこにあなたがいる。あなたがあなたを捨てれば、そこに私がいる」（山本紹之介）という言葉がありますが、その通りだと思います。

謙虚な生き方をして何よりもうれしいのは、後味《あとあじ》のいい人生が送れるようになるということです。幸せな人生を送るためには、後味のいい生き方をすることです。

掃除をすると気づく人になれる

世の中で成果を上げる人とそうでない人の差は、無駄《ムダ》があるか、ないか。無駄をなくすためには、気づく人になること。気づく人になることによって、無駄がなくなります。その「気づき」をもっとも引き出してくれるのが、私の場合、掃除でした。

できるだけ気づく人になる。生きていくうえでもっとも大切なことだと思います。気づかない人は、自分も周りの人も不幸にします。

人はよく「大変だ！」という場面に遭遇します。

しかし、「大変」になってから対処しても、もう手がつけられません。「大変」になる前に、必ず「小変」があります。この「小変」に相当するのが「気づき」です。

つまり、「気づく」ということは、「大変」になる前に知るということ。結果が出てみなければわからないのでは遅すぎます。「気づき」の段階で対処すれば、もう、手のつけられない「大変」な事態になることはなくなります。「気づき」には、人知を超えた天（大いなる存在）からのメッセージが込められているように思います。

それだけに、気づいたことを迷うことなく次から次に処理していくことが何より大事なことです。「気づき」をひとつひとつ処理するなかで、さらに「気づき」のアンテナが研ぎ澄まされていきます。そうしますと、ますます人生がよくなるわけです。

掃除をすると感動の心が育まれる

感動こそ人生。感動のない人生は、生きている意味がありません。生きるということは、感動するということです。

せっかくの人生、私も人を感動させるような生き方をしたいと望んでいます。そのためには、まず自分自身が感動しやすい人間になることが第一だと思います。私の場合、永年続けてきたトイレ掃除の実践が、感動する心を育むのに多いに役立ちました。

私は毎朝約四十分間、トイレ掃除を徹底して行います。全身を使い、素手で床・壁・便器を洗います。こうした徹底したトイレ掃除を続けていますと、自分も周囲の人も自然に感動を共有することができるようになります。たぶん、「徹底」と「継続」がその大きな要因だと思います。

「徹底」。持てる力を出し切る、手抜きをしないということです。力を出し惜しみしている人に感動する人はいません。同じトイレ掃除でも、「徹底」するからこそ感動が得られます。

「継続」。平凡なトイレ掃除でも、「継続」していると平凡のなかから生まれる非凡というものに必ず出合います。この非凡には大きな力が秘められており、人を心底《しんそこ》感動させる力があります。

自分も感動し、周囲の人にも感動を与えるような生き方をしようと思えば、自分の手と足と身体を使って、身を低くして一所懸命取り組むこと。そのうえで、「継続」することです。

掃除をすると感謝の心が芽生える

人は幸せだから感謝するのではありません。感謝するから幸せになれます。その点、トイレ掃除をしていると小さなことにも感謝できる豊かな感受性が研ぎ澄まされてきます。

私が講演をしたときのことです。会場のご婦人から質問を受けたことがあります。そのご婦人は「私は、いま、ぜんぜん幸せではありません。ですから、感謝なんかできません」とおっしゃるのです。

そのとき、私は申し上げました。「そういうお考えの人は、一生幸せになることはありません」と。私がいいたかったのは、いつも不平不満ばかりを持っているような人は、絶対に幸せになることはないということです。あるがままを受け入れることが、幸せになるための大前提であるということです。

そのうえで、ないものねだりをせず、「あるもの活かし」をする。できない理由を考えるよりも、いま自分にできることをひとつでも多く考えてみる。

そういう生き方を心がけていますと、小さなことにも感謝できる豊かな感受性が芽生えるようになります。

小さなことに感謝できる人は、自分の苦しみや悩みを小さく受け止めることができるようになります。

そのぶん、幸せになれるわけです。

掃除をすると心が磨かれる

人の心は、そう簡単に磨けるものではありません。ましてや、心を取り出して磨くなどということはできません。心を磨くには、とりあえず、目の前に見えるものを磨き、きれいにする。とくに、人のいやがるトイレ掃除を永年続けていると、知らず知らずのうちに自分の心も浄化され磨かれるようになります。

人は、いつも見ているものに心も似てくるからです。

掃除をしているときの自分は、いつもきれいな気持ちで取り組んでいることが多いように思います。掃除をしながら、人をだましてやろうとか、誰かを陥《おとしい》れてやろうなどと考えることはありません。

また、人を憎んだり、恨《うら》んだりするような気持ちになったこともありません。心を無にして純粋な気持ちで取り組めるのが掃除。汚いトイレをきれいにしますと、気持ちがすっきりし、素直（純粋）な心になれます。素直（純粋）な心になりますと、不思議と先のことがよく見えるようになります。

人間が心配のあまり不安な気持ちになるのは、先のことがよく見えないからです。素直（純粋）な心になり、先がよく見えるようになりますと、不安がなくなり、余計な取り越し苦労をしなくなります。結果において、精神が浄化され心が磨かれるのではないでしょうか。

掃除を始めた理由

私が会社を創業したのは昭和三十六年。時代はちょうど、日本経済が高度成長期にさしかかったころでした。

会社はどこも人手不足。産声《うぶごえ》を上げたばかりの当社に入社を希望するような人はいませんでした。珍しく入社希望者が現れても、履歴書に書ききれないくらい多くの会社を転職したような経歴の人ばかり。それでも、選考するという贅沢《ぜいたく》が許されなかった当社は、面接即採用というのが実態でした。

採用はしたものの、ほうぼうでさんざんな目に遭《あ》ってきた社員の心は擦《す》り切れ、荒《すさ》みきっていました。そのうえ、入社後、零細な会社の社員として営業に行っても、お客様にまともな応対はしてもらえません。その結果、営業から戻ってきた社員は、外での憂《う》さを晴らすために社内で八つ当たりします。帰社するなり、鞄を机の上に放り投げたり、椅子を足で蹴るような状況でした。

そうしますと、社員の心はますます荒みます。

そこで、この荒んだ社員の心をおだやかにするためには、どうしたらいいか。熟慮の末、始めたのが掃除でした。社員が出社する前にきれいにしておけば、社員の心の荒みもなくなるのではとの願いからです。

掃除は、特別な能力を持ち合わせていなかった自分にできる、唯一の方法でもあったのです。

ひとりでもやり抜く

創業時、私が掃除をしていても、社員は感心するどころか、まったく逆の反応を示していました。

手伝ってくれる社員は皆無。

私が営業所に出かけて掃除を始めても、掃除をしたくない社員は「行ってきます」などといって、どこかに行ってしまう。

そういう状況でした。

近所からは、「人の家のゴミをいじるな」「プライバシーの侵害だ」「家の前を掃くな」というような匿名《とくめい》の電話が、たびたび会社にありました。社員の反応は「社長、これはやめたほうがいいですよ」。

何かにつけて否定的。

「あまりきれいにするとお客様が来なくなる」とか、「お客様が店に入りにくくなる」というような意見が真顔《まがお》で議論されるような時代でもありました。

「掃除なんかしても無駄。もっと売上げを上げて、儲けることが大事」という考え方が、社内の大勢を占めていたように思います。

それでも、言葉で説得したり、文章で伝える才能を持ち合わせていなかった私は、ひたすら掃除する以外に方法が見つかりませんでした。

そのとき、社員に同調し、私が掃除を断念していたら、現在のような掃除は社内に定着しなかったと思います。

虚しさとの闘い

「心の荒《すさ》みは、諸悪の根源」を標榜《ひょうぼう》し、掃除の実践をひとりで始めてから、すでに四十年以上が過ぎ去りました。

この四十数年間は、まさに自分自身との闘い。とくに「虚《むな》しさ」「はかなさ」と闘う連続でした。もともと、社員が働きやすい環境をつくるために始めた掃除。ところがその社員に、掃除の意義をなかなか理解してもらえませんでした。理解されないばかりか、「掃除しかできない社長」とさんざん陰口をいわれました。トイレ掃除をしている私の横で、平気で用を足していく社員。また、コンサルタントの先生からは、「そんなことをしていたら経営が成り立たない。あなたは経営者には向いていない」とまでいわれました。

それでも、何とか続けてこれたのは、自分で始めた掃除の価値を見失わなかったからです。

少なくとも、自分が取り組んでいるこの掃除は、人の心の荒みをなくし、おだやかな気持ちにすることに役立っている、と確信していたからこそ、「虚しさ」「はかなさ」に負けることなく続けてこられたのだと思います。

いまではむしろ、惜しくてやめることができません。いまやめると、昨日までの努力が無駄になるからです。昨日までの努力を簡単に捨てられるほど、甘い努力はしてこなかったからです。

街が変わる日

当社が現在の場所に本社を移転してきた当初は、道路にゴミがあふれ、ゴミ置き場のルールもあってなきがごとし。指定された収集日、種別に関係なくゴミが放置され、街の景観が損なわれていました。

そこで私たちは、移転以来、周辺の道路とゴミ置き場の徹底した掃除を続けてきました。

とくにゴミ置き場の掃除には、力を傾注してきました。住民が持ってきたゴミは、いったんすべてどかしてから、掃いてきれいに整理します。乱雑に入れてあるゴミ袋は開封し、余裕のあるゴミ袋に詰め替えて、回収者が持っていきやすいようにしておきます。

まだ完全とまではいきませんが、最近、ゴミ出しのマナーが格段によくなり、路上のゴミも大幅に減少してきました。

変わったのは街の景観だけではありません。区域住民の人間関係までが大変協力的になり、住みやすい街に変貌《へんぼう》してきました。

私たちがゴミ置き場の掃除を徹底しているのは、ただきれいにするという理由だけではありません。ゴミ回収をしてくださる業者の方々に、気持ちよく作業をしていただきたいからです。

業者の方々に「よくぞここまできれいにしてくださっているなあ」と喜んでいただくのを楽しみに、毎日掃除しています。

掃除の五つの功徳

お釈迦《しゃか》様が二千五百年も前に諭《さと》された五つの掃除の功徳《くどく》を紹介します。功徳とは、よい行いの結果、手にすることができる恵みのこと。具体的には次のような内容です。

一、自分の心が清められる。

掃除をして、心が荒んだという人は聞いたことがありません。相当心が荒れていた人でも、掃除をするとおだやかな人柄に変わります。

二、他人の心まで清めることができる。

掃除をしている人の姿を見て、「ムーッ」とする人はいません。声はかけないまでも、挨拶をしていかれる人がほとんどです。
三、周囲の環境が活き活きしてくる。
ゴミだらけの道路を徹底して掃除しますと、その場が活きてきます。
周囲の建物も、浮き上がって見えます。
四、周囲の人の心も物事も整ってくる。
廊下を通っただけでトイレの臭いが漂ってくるような学校でも、ぴかぴかに磨き上げますと、整然とした雰囲気が漂うようになります。
五、死後、必ず天上に生を受ける。
この五番目に関しましては、さすがに私も経験していませんので、何といいようもありません。しかし、四番目までは、お釈迦様のいわれる通りであると断言できます。

第三章

人とのご縁を大切にする

人を喜ばす基本

人を喜ばすことが、自分の人生をよくし、世の中をよくすることだと確信しています。人を喜ばす基本として、私は、できるだけ自分の時間と身体を使うように努めています。私が実践している代表的な一例は、「手紙」を書くことと「掃除」をすることです。

「手紙」を書くことは、誰もがおっくうなことです。よほど相手のことを思わなければ、できることではありません。しかも、手紙を書くときは、相手のことばかりを考えなければ書けません。

その人のためだけに、自分の時間を使い、感謝の念を膨らます。人が人に熱意や誠意を感じるときは、そういう行為に対してではないでしょうか。その人のためだけに頭のなかをいっぱいにして書いたそんな手紙は、必ず人に喜んでもらえると確信して書き続けています。

「掃除」も、どちらかというと誰もが避けて通りたいことのひとつです。しなくてもいいのなら、できればしたくないと誰もが考えています。それだけに、自ら率先して掃除をしますと、周囲の人々から大変喜ばれます。掃除をして喜ばれるのは、きれいになるからということだけではありません。掃除をしている姿そのものが人に謙虚な印象を与え、好感を持たれるからだと思います。このように、人を喜ばす基本は時間と身体を使って、いま自分にできることをする。

手抜きをしない熱意と誠意が喜ばれる基本だと思います。

よい縁のつなぎ方

人は「何を食べたか」ではなく、「誰と食べたか」で随分《ずいぶん》満足感が違ってきます。

また、旅行にしても「どこに行ったか」ではなく、「誰と行ったか」で楽しさが随分違います。

同じように、「何をいった」かではなく、「誰がいったか」で素直に聞き入れられたり反発を感じたりするものです。

このように私たちは、人とのご縁のつながりで生かされています。

人間の喜びで最たるものは、よい人とのご縁。

どれだけ財産を持とうが、社会的な地位を得ようが、この喜びに勝る喜びはありません。

よい人とのご縁に恵まれない生き方は、生きがいをなくすばかりでなく、活力を失い、老化の原因にもなります。

結果において、惨《みじ》めな一生を送ることになります。

幸せな人生を送るためにも、よい人とのご縁を深めることです。

ところが、よい縁ほど放っておけば遠のき、忘れ去られていきます。

逆に、悪い縁は放っておいてもますます近づき、強くなります。

よい縁をつなぎ止めておくためには、つなぎ止めようという強い意志を持ち続けること。そのうえで、「思いやり」「いたわり」「感謝」の気持ちを持ち続けることです。

よい縁のつくり方

よい縁のつくり方には二つあると思います。

ひとつは、謙虚な姿勢で接する。あとひとつは、感謝の気持ちを持って接する。

まずひとつ目の、謙虚な姿勢で接する。

私の場合、永年掃除をしてきた体験上、このことの意味を確信するようになりました。最初は会社だけの掃除として始めたことが、いまでは日本全国にとどまることなく、外国にまで広まりました。

そのおかげで、掃除を通じたご縁が世界中にできました。

同じご縁でも「いつどこで誰と誰が、どんな出逢《であ》いをするか。それが大事」と、相田みつを先生の言葉にあります。

掃除によるご縁は、お互いの手と足と身体を使った謙虚な出逢いだから格別な関係になるのではないかと思います。

あとひとつの、感謝の気持ちを持って接する。

最近、感謝の気持ちを素直に表現できる人が少なくなりました。たとえ、ラーメン一杯ご馳走《ちそう》になったときでも、「ああ、どうも」というのではなく「どうも、ご馳走様でした」と感謝の気持ちを込めて心からお礼をいう。感謝の気持ちがない人は、決してよい縁はつくれません。

以上、私が心がけてきた「よい縁のつくり方」です。

複写ハガキの力

掃除と同じくらい、徹底して続けてきたのが複写ハガキです。

複写ハガキを始めるきっかけになったのは、ハガキの練達者・坂田道信先生とのご縁です。平成四年から書き始めて平成十八年五月現在、私の出したハガキが三万九千五百通を超えました。

ハガキを書くのに使用したボールペンの芯も、片手でつかみきれないほどの数になりました。人から見たら、何の価値もない使用済みの芯ですが、私にとりましては何ものにも代えがたい宝物になっています。

私がハガキを書かせていただく心は、感謝の気持ちです。いただいたご縁に、ただひたすら感謝の念を込めてペンを認《したた》めています。ハガキの活用は、よいご縁をつないでいくために、大きな力になりました。いまさらながらこの小さな紙一枚の力の大きさに驚いています。

私が複写ハガキを書くとき、心がけていることを三つ紹介します。

①たとえ下手な字であっても、続け字にせず、一字一字丁寧《ていねい》に楷書《かいしょ》で書く。

②表書きの住所、氏名は筆字で書く。

③郵便番号はボールペンで書く。

ハガキの楽しみは、何回も読み返すことができることです。

人からいただいたハガキがうれしいように、私の出すハガキも人を喜ばすことができれば、こんな幸せなことはありません。

洗車がつないだ心

車で会社を出るときは、必ず洗車してから出かけることを徹底しています。その際、使用者に関係なく複数人で洗車します。

雪の深い札幌では、雪に埋まっている車を掘り出して洗います。きれいにした車に乗って出ても、またすぐ汚れるわけですが、それでも洗って出かける。それくらい徹底しています。

車の掃除を徹底した理由は、二つあります。

ひとつは、事故を減らしたいという切実な思い。あとひとつは、お客様に尊重されたいという思いからです。

創業当初から、社員が増えるにつれて車の事故が多発していました。ところが、自分たちの手で車を洗うようになってから、事故と故障が激減するようになりました。使用者に関係なく洗車したことで、社員間に協調性が芽生え、連帯意識が高まり、風通しのよい人間関係が育まれたことも大きな効果でした。

また、業界そのものが荒んでいたこともあり、営業に行ってもほとんど相手にされない時期でした。お客様に必要とされない会社は、存在する意味がありません。そこで、お客様から必要とされ尊重されるための具体的な方法として、きれいな車で訪問することにしました。そうしましたら、自然にお客様からも尊重されるようになりました。洗車の大きな効果でした。

持てる力を出し切る

人間はどんな人でも、尊重されるような生き方をしたいと願っています。にもかかわらず、その願いとは反対のことをして生きているのがわれわれ凡人です。

これでは、いつまでたっても尊重される人にはなれません。

尊重される生き方をするには、自分の持てる力を出し惜しみしない、ということに尽きるのではないかと思います。

私は、自分に才能がなかったぶん、どんな些細《ささい》なことでも全力投球で取り組んできました。「力の出し惜しみ」「手抜き」を、自分に対し厳に戒めてきました。気がつくと、そんな生き方に思いもかけない方々から過分なる評価をいただくようになりました。

世の中には、その人の欠点ばかりが目立つ人がいます。かたや、その人の長所だけが目立つ人がいます。この差も、力を出し惜しみしているかどうかの違いからくるものです。

人に認めてもらいたいと願うのであれば、自分の持てる力を出し切ること。そうすれば人に必要とされる人間になれる。いまではそう確信するようになりました。人から必要とされる人間になると、「頼りにされ」「当てにされる」ようになります。人から「頼りにされ」「当てにされる」ことは、好感を持たれている証拠です。

人から好かれることが、尊重される生き方だと思います。

丁寧な生き方

手間ひまを省き、結果だけを追い求めてきた昨今の生活様式が、殺《さつ》伐《ばつ》とした風潮を生み出している原因ではないでしょうか。

たとえば、家族の食事。数十年前までは、準備に一時間、後片付けに一時間を要するのは、どこの家庭でも見られた普通の光景でした。ところが最近では、スーパーで買ってきた冷凍食品を数分間電子レンジで温めるだけで食事ができる時代になりました。後片付けにしても、使い捨ての皿やコップを洗わずにそのままゴミ箱へという家庭も少なくないといわれます。また、正月にしても、年々正月らしさが失われつつあります。正月につきもののおもちつきや、門松、おせち料理に至るまで、すべてが簡素化され味気ない正月になっています。

確かに、そのぶん、便利にはなりました。しかし、反面、生活の潤《うるお》いとか温《ぬく》もりが感じられなくなりました。

大事な手間ひまをことごとく、排除してきた結果だと思います。

『暮らしの手帖』の初代編集長だった花森安治氏は次のような言葉を残しています。

「豊かな暮らしとは、丁寧に生きること」

暮らしに豊かさを取り戻すためには、面倒くさがらずに丁寧な生き方を心がける。丁寧な生き方を通じてこそ、強い忍耐心と工夫が育まれ、人と人の絆《きずな》に血が通い合うという意味だと思います。

手抜きをしない丁寧な生き方が、お互いの心を豊かにします。

たったひとりのために尽くせる人に

作家で医師のハンス・カロッサが書いた本の一節、「ただひとりの人に正しいことをするより、幾千の人たちのことを心配することのほうが楽なのです」。この文章を読んで、私は大変感銘を受けました。

よくテレビで放映される映像として、恵まれない国の人たちが飢え苦しんでいる姿を目にすることがあります。

子供に母乳を飲ませたくても、栄養失調で満足に与えられない母親。骸骨《がいこつ》のようにやせ細っている子供。

そういう光景を目にした誰もが「ああ、かわいそうだなあ。こういうことではいけないなあ」と、気の毒に思うはずです。しかし、思うだけなら、たとえ相手が何百万人いようが、誰にでも簡単にできることです。ところが、そのなかのたったひとりでも、実際に救うとなるとなかなかできることではありません。

表舞台で脚光を浴びている人のなかに、こういう無責任な傍観者《ぼうかんしゃ》があまりにも多いのは嘆かわしいことです。

果たして、その人たちが本当に世の中をよくしているのか。

カロッサが指摘するように、「ただひとりの人に正しいことをする」ことから、具体的に始めることだと思います。

常々、実践の大切さを口にしながら、まだまだ実践に値しない自分を恥じ入るばかりです。

広い心で他者を受け入れる

「日本を美しくする会」運動のスタート時、会の趣旨を理解してくださる人はほんの少数派でした。さまざまな企業、役所、学校等と会の間に、大きな壁があったからです。

とくに、学校の壁は厚く、なかなか理解していただけない時期が長く続きました。

ところが今日では、学校の先生方と「日本を美しくする会」との間は、かなり厚い信頼で結ばれるようになりました。お互いが心を開き、開放的な組織に変身したからです。

開放的な組織は、他者を受け入れ、組織内にいる人の表情を明るく生き生きとします。明るく生き生きとした組織になれば、お互いの信頼も急速に深まります。

お互いの信頼さえ確立されれば、困難と思われることでも、意外と容易になしとげることができるようになるものです。

反対に、閉鎖的な組織は、他者を受け入れず、雰囲気が暗くなります。そうなれば、世間の常識から外れた、自分たちのなかでしか通用しないルールで動くようになります。

社会の閉塞感《へいそくかん》を打ち破るためにも、自分のところさえよければいいという考えを捨て、他者を受け入れる広い心を持つことが何よりも大事なことです。

地主さんからの贈り物

当社は、東京の一等地、千代田区三番町にビルを保有しています。東隣はローマ法王庁の大使館。英国大使館にも程近くの、ひときわ格式の高い土地柄です。

このビルを入手できた経緯は、掃除のご縁です。

当時、近くのアパートに住み、仕事場にしていた私ども夫婦は、毎日、近所の掃除をしていました。雨の日も風の日も、暑い日も寒い日も、休むことはありませんでした。

その様子を見ておられた地主さんが感動してくださって、ただ同然の金額で譲ってくださった土地です。

当時、その土地を購入するような資金はありませんでした。その私に「いくらなら出せるんですか」と強引に聞き出され、恐る恐る提示した私の金額で譲ってくださったものです。

土地を入手できた理由は、掃除だけではありません。

アパートに住んでいたころ、アパートの前に咲いていたつつじの手入れを、妻とよく手伝っていました。来年もきれいな花が咲くように花がしぼむ前に摘《つ》んでいました。

このことを地主さんが大変喜んでくださいました。掃除とともに大きな信用になったのです。

この土地は、地主さんからのありがたい贈り物でした。

第四章

無駄な努力はない

大きな努力で小さな成果を

「大きな努力で、小さな成果を」

私が講演をお引き受けするときのテーマのひとつです。

「逆ではないんですか」と指摘されることがよくあります。

そんなとき、「小さな努力で大きな成果」を得る生き方よりも「大きな努力で、小さな成果」を得る生き方のほうが、より確実な方法です。そのほうが自信になり満足が得られます。と答えるようにしています。

「小さな努力」で「大きな成果」を得ますと、心が不安定になります。

落ち着きをなくし、険《けわ》しい人相になります。近年、世相が悪化している背景には、「小さな努力」で「大きな成果」を安易に得ようとする人が、あまりにも多くなっているのが大きな原因です。

一方、「大きな努力」で「小さな成果」を得る生き方をしますと、心が安定し気持ちがおだやかになります。

昔の日本人が、貧しくとも顔立ちに風格があったのは、手にする報酬よりも、はるかに多くの努力を己に課していたからです。「労せずして手に入れよう」とか「うまく立ち回って、ものにしよう」などという姑息《こそく》な考えを否定する、社会正義が定着していたからです。

たとえ「大きな努力」で「小さな成果」しか得られなくても、そういう生活に耐えられる安定した生き方の人が増えれば、必ず世の中はよくなります。

箸よく盤水を回す

「箸《はし》よく盤水《ばんすい》を回す」。酒井大岳《だいがく》先生から教わった貴重な言葉です。意味は、小さな努力も続けると、大きな力になる。決してあきらめてはいけない、という訓《おし》えです。

もう少し詳しく説明します。「盤水」とは盤（丸い皿、たらい）のなかの水のこと。最初、箸一本で盤水を回しても箸しか回りません。ところが、その箸を根気よく熱心に回し続けていますと、周囲の水が少しずつ回るようになります。さらにあきらめずに回し続けますと、一段と輪が広がります。そして最後には、盤水全部が大きな渦《うず》になって回るようになります。

この言葉を知ったとき、私は救われるような気持ちになり、感動しました。過去四十年以上の間、私もこの言葉とまったく同じような、はかない、虚しい努力をしてきたからです。

私の場合、箸どころか爪楊枝《つまようじ》を回すようなスタートでした。その努力の甲斐あって、四十年以上たって、大きな渦になってきました。

同じように、たらいに水一滴を垂らしても、見た目に何の変化もありません。しかし、一滴分の水は確実に増えます。たとえ、増えたことを確認できなくても、私は努力してきました。たらいが、プールだったとしても同じ。根気のいる努力ではありましたが、自分の信念を固めるのに大いに役立ちました。

無駄な努力はない

たとえば学校の勉強。一所懸命勉強してもしなくても、もしかしたら試験の結果が同じ点数のときもあるかもしれません。「だから、勉強しても、しなくても同じ」と考える子供がいたとするならば、それは大きな間違い。今回は同じであっても、努力の成果は必ず、明日から先の成績に大きな差となって表れてきます。

私の場合もそうでした。小学生のとき、岐阜は山奥の疎開先で過酷な農業を手伝いました。大人たちから「骨が曲がるぞ」と心配されるくらいの過酷な労働でした。そんな努力をしたにもかかわらず、収穫としては報われないことばかりでした。

ところが私は、その後の人生において大きな収穫を得ることになりました。誰にも負けない「忍耐心」。この「忍耐心」が身に備わっていたために、社会人になってからのあらゆる困難に立ち向かうことができました。

このように、努力は必ずしも、そのままの形で成果として表れることはないかもしれません。しかし、努力は形を変えて必ず報われます。もともと、すぐに報われるような努力は、努力したうちに入りません。努力とは、やってもやっても報われないことに対してやめないこと。なかなか結果に結びつかないことに対してさえも一所懸命にやること。これが、本当の努力です。決して、無駄な努力はありません。

益はなくとも、意味はある

見返りの得られないことに対して、どれだけ真剣に取り組めるか。

この基準が、人物を左右します。

ところが最近、見返りが保証されなければ損だという価値観の大人が多くなりました。そういう人の判断基準は、どれだけ得するか、儲かるか。つまり、益がなければ取り組む意味がないという考え方。

こうした大人になれない大人の考え方が、いまの日本を悪くしている原因ではないかと思います。

これをしたら何かがもらえる。おもしろい。人に誉《ほ》められる。すぐ成果に結びつくことに対しては、敏感に関心を示し夢中になる。大の大人が、常に見返りを求める子供の特性そのままではありませんか。

こうした子供の特性をそのまま引きずっている人を、大人とはいいません。大人とは、すぐに見返りが得られなくても、辛抱して待てる人のことです。すぐ成果が得られなくても、積極的に取り組める人のことです。

ひとりでも多くの人が、見返りばかり求めず努力そのものに意義を見出せるようになれば、世の中はもっとおだやかになります。たとえ、自分の利益に結びつかないことであっても、周囲の人・社会・国家の利益を優先する姿勢を持つ。いまこそ、『晏子《あんし》』の至言、「益はなくとも、意味がある」という言葉に耳を傾けるときではないでしょうか。

収穫に不向きな田んぼ

「この秋は雨か嵐か知らねども、今日の勤めに田の草を取る」

疎開先での少年時代、私は農業に携わり、この二宮尊徳翁の歌に詠《よ》まれたような生活に耐えてきました。

疎開者に与えられるような田んぼは、もともと収穫に不向きな田んぼでした。そのうえ、丹精込めて育てた作物が収穫寸前、災害に見舞われて努力が報われないこともしばしばでした。

それでもあきらめずに努力し続けてきたからこそ、いまの私がいます。誰でも「こうすればこうなる」という保証があることに対しては抵抗なく取り組みます。しかし、保証が約束されていないことに対して、進んで取り組む人はなかなかいません。

私の場合、幸か不幸か、収穫の保証がない農業で努力せざるを得ない立場にいました。与えられた生活環境のなかで、新たな意欲と希望を見出すほかなかったのです。

おかげさまで、そのときの体験が活かされ、決してあきらめない。落胆しない。そんな精神を身につけることができました。同時に、これをやったらこういう得があるというような、目先の打算的考え方も起こらなくなりました。努力そのものに意義を見出せるようになったのもありがたいことでした。保証されたことばかりをやっていますと、人間のエネルギーを喪失します。

ひと言の愚痴をいうこともなく

私たちは環境に左右されて、一喜一憂します。こうした相対差の世界で生きていますと、悩みや苦しみはいつまでも絶えません。「相対差」ではなく「絶対差」。環境に左右されない世界。この世界で生きることが唯一、悩みや苦しみから解き放たれる生き方です。

私はその生き方を、両親の背中を見ながら学びました。

私の両親は、恵まれない生い立ちから上京し、営々と努力を重ねた末、ようやく人並みの生活を送ることができるようになりました。

ところが、昭和二十年三月十日の東京大空襲によって、築き上げた生活基盤をすべて失ったのです。行く当てもなく、岐阜県山奥での疎開生活を余儀なくされました。父はそこで、農家の人が見放した荒れ放題の畑を借りて農作業に従事。そのかたわら、子供の小遣い銭のようなわずかな日当で日雇いの仕事にも就いていました。

一方、母は、近隣農家の手伝い。過酷な重労働に一日中従事して、手にする母の報酬はわずかにお米一升。さすがに、両親も愚痴《ぐち》をこぼしたくなるような心境だったと思います。しかし、私たち五人の子供は、両親の愚痴を一度も聞いたことがありません。厳しい生活環境だったにもかかわらず、両親の生活態度にはうろたえたところがありませんでした。ひと言の愚痴をいうこともなく、与えられた環境のなかで生き抜いていた両親の姿がいまでもまぶたから離れません。

手抜きをすると心が荒む

「人が土をつくり、土が作物をつくる」

永年、受け継がれてきたこの農業の原則が、いま崩壊寸前。工業製品と同じように「人が作物をつくる」時代になろうとしています。

原因は、土をつくる手間ひまを省いた大量生産。大量生産する技術のみが急速に進歩をとげてきた実態です。

そのせいではないでしょうか。昔に比べて農作物が傷みやすく、日持ちが短くなったような気がします。専門家でない私は、数値を掲げて証明することはできませんが、そんな実感があります。

この風潮は、子供の育て方にもよく表れています。人間にも、乳児・幼児・少年・青年時代、とその時々で行うべき大切な教育があります。

たとえば幼児時代。人間としての情や豊かな感性を育む大事な時期です。寝ぎわに、子守唄を歌ってやったり、童謡や昔話を読み聞かせることは、やはり大切なことでしょう。

ところが、大切なことだとわかっていながら、面倒くさいからしない。すぐ成果として表れないからしない。手間ひまかけることを省いて、人より早く知識だけを身につけるほうを選ぶ。

その結果、人間としての感情が欠落した子供が多くなっています。かつては起こり得なかった忌《い》まわしい事件が多発している背景には、こうした心の荒みが大きく原因していることを認識するべきです。

一所懸命な姿を示す

毎月一度開催される早朝「新宿街頭掃除」に、保護観察中の少年が参加することがあります。目的は、少年に掃除をさせることではありません。私たち大人が掃除をしている姿を見せることです。歩道に這《は》いつくばってチューインガムを剝《は》がす姿。側溝のフタを外し、首を突っ込まんばかりにして臭いゴミをさらう姿。

私たちの真剣なそういう掃除姿を見せるために、観察員がつき添って参加しているのです。

犯罪に手を染めてしまう少年たちは、大人に不信感を抱いています。

大人が心を開き、裸にならなければ少年たちは心を開いてくれません。一心不乱に掃除をしている私たちの姿を見ていた少年たちは、こちらが何も指示しないのに掃除を手伝い始めます。この子が罪を犯した少年かと疑いたくなるくらい、素直に取り組みます。おそらく少年たちは、私たちの掃除姿にいままで接した大人とは違う何かを感じ取ってくれたのではないかと思います。

「この町の子供たちは、この町の大人たちを見て育つ」

教育の原点は、まず大人が大人としての見本、手本を示すこと。具体的には、自らが下座に降り、自分の手と足と身体を使って一所懸命に取り組んでいる姿を示すことです。

大人が変わらなければ、子供は変わりません。

「癒し」は自分で感じるもの

世の中、「癒《いや》し」に関する情報が氾濫《はんらん》しています。ジャンルはさまざま、「音楽」「絵」「本」「旅」「ペット」「住まい」。情報がそれだけ氾濫しているということは、求める人がそれだけいるということでしょう。それにしても、「癒し」を外に求めるというのは、私には考えられないことです。

もともと「癒し」は、自分自身で感じるもの。努力した結果、ひとり静かにくつろぐとき、いうにいわれぬ安らぎを感じる。「癒し」とは、そういうものだと信じているからです。

「癒し」を外にばかり求める人は、単に甘えているだけのことだと思います。自分のことしか考えられない「自己中心的な人」と呼んでもいいかもしれません。

「自己中心的な人」には、精神的なゆとりがありません。このゆとりをなくした人が、逃げ場として「癒し」を求める。自分の未熟さを証明しているようなものです。

努力もせず、障害を乗り越えたこともないような人が「癒し」だけを求めるなどというのは、おこがましいことです。

そういう人は、まず、目の前のやるべきことに無心に打ち込んでみる。そうすれば、先に楽しみが出てきます。どんな小さなことでも先に楽しみを見出すと、ゆとりを持てるようになります。心にゆとりのある人は、「癒し」は求めないものです。必要ないからです。

何の保証もないことへの努力

屋久島に旅行したときの私の失敗談。

屋久島の山中を山登りしていたとき、かなりの高齢と思われる老人とすれ違いました。老人の健脚ぶりに感心した私は「ここまで、ずっと歩いてこられたんですか」と、声をおかけしたあと、「お元気ですね。あなたは百まで生きますよ」と迂闊《うかつ》にもいってしまいました。

そうしましたら、その老人、しばらくして曰《いわ》く、「いま、九十九歳です」。この返事には、まいりました。私は無礼にも「あなたの寿命は、あと一年ですよ」といわんばかりのことを口にしたことになってしまったのです。私の大失敗でした。

私はこの失敗を通して、考えさせられ、教えられました。人間、先のことが決められていると、必ずしも夢や希望につながらないということを。あの老人も「あと一年で死ぬ」と、もし決められていたら、山登りをする気にはとてもなれなかったと思うのです。努力次第では、まだまだ元気で生きられるという夢や希望があったからこそ、山登りをしておられたのではないでしょうか。

私たちは、結果が保証されていることに対して、夢や希望が湧くと勘違いをしているところがあります。そうではありません。

何の保証もないことに向けて果敢に挑戦するからこそ、夢や希望が与えられるということを知るべきです。

第五章

苦境の乗り越え方

苦境時の心構え

人も企業も、一直線上で伸びるということはまずありません。必ず停滞するときがあります。ときには落ち込むこともあります。

そんなとき、どういう心構えでその時期を過ごすかが大切なポイントです。私がこれまで実践してきたポイントを三つ紹介します。

①周囲のせいにしないということです。もちろん、愚痴もいけません。身の回りに起きていることはすべて必然。感謝して受け止めるというのが正しい姿勢だと思います。

②苦しみはできるだけ自分ひとりで背負い込み、周囲の人まで巻き

込まないということです。苦しみをすべて人に打ち明けたからといって、苦しみから逃げられるわけではありません。喜びはともかく、苦しみは人に打ち明ければ、苦しむ人を増やすだけです。

③苦難はいつまでも続かないということです。苦難は自分を鍛える貴重な試練。「飛躍する力を蓄える、またとないチャンスを天が自分に与えてくれている」と受け止めることです。順境のとき「力を蓄えろ」などといわれても、なかなか真剣に受け止めることはできません。人が真剣に考えるのは、苦難に直面したときです。

以上、三つのことを自分自身に言い聞かせ、いま自分にできることからひとつひとつ始めることです。「工夫次第」「努力次第」「自分次第」を受け入れたときから不思議と人生が好転します。

苦しみはひとりで

いままで私は、決して楽な人生ばかりを過ごしてきたわけではありません。いま現在も、悩んだり迷ったりしながら生きています。

ただ、どんなときでも常に心がけてきたことは、自分の悩み事のために、周りの人まで巻き添えにしてはならないという強い自戒の念。「悩み苦しむのは、自分ひとりで十分」だと自分自身に言い聞かせて生きてきました。

もともと私は、自分の悩みや苦しみを人に相談したことがありません。もちろん、妻や家族にも。私ひとりが心配すれば済むことを、二人でしても仕方ないことです。心配事は私ひとりで引き受けて、他の人にはできるだけプラスの仕事をしてもらう。心配事をする人が多いからといって物事がよくなるわけではありません。私は心配事を人に相談しないばかりでなく、悟られることさえも気遣《きづか》っています。

苦労したことをそのまま顔に出す。このことは、誰にでもできることです。反対に、苦労したことのない人が、いつも明朗な顔でいる。これも、そんなに難しいことではありません。

しかし、さんざん苦労したにもかかわらず、まったく苦労の痕《あと》を見せずに人と接することは、なかなかできないことです。

できれば苦労の痕を悟られずに人と接する。

忘れてならない、大事な作法だと思います。

使命感を大きな支えに

「苦難に耐える」というふうに構えると、つい自分ひとりだけの孤独の世界に陥りやすいものです。孤独になると自分が惨めになるだけです。

孤独感に陥らず苦難に耐えるには、「親にだけは心配をかけたくない」とか「苦難は私ひとりが背負っていく」という強い使命感を自分自身に言い聞かせることです。その使命感が、耐える大きな支えになります。

いまも楽しくて、将来もずっと楽しいという歴史はありません。

楽しいあとには苦しみがあり、苦しいあとには楽しみが待っているものです。繰り返すのが苦楽でもあります。

現代の日本のように、ラクして楽しいことばかりを追い求めているようでは、将来、悪くなるばかりです。

苦しいことを先にして、楽しいことはあとに延ばす。先憂後楽。大切な心構えです。

どん底の生活をしておりますと、とかく人間は卑屈になりがちです。私もかつて、いやというほどどん底生活を味わいました。その日の食事にも事欠き、食うや食わずの生活をしたこともあります。

そんな私が、卑屈にならずに済んだのは、志のおかげでした。つまり「理想の会社を創る」という使命感が、私を支えてくれました。

わが身に引き受ける

世の中には、せっかく積み重ねてきた努力や苦労を平気で無駄にする人が多くいます。少しばかり功成り名をとげると、つい傲慢になり初心を忘れがちです。初心を忘れた人は、かつて自分が受けた仕打ちをそのまま人に返してしまうことがよくあります。

「いまに見ていろ！」「必ず見返してやる！」という偏向した努力の精神が、そのような仕打ちにつながっているように思います。

自分が努力の過程で受けた仕打ちを人にしてしまえば、仕打ちを受けた人の心は荒みます。さらに、その人は憂《う》さを晴らすという形でまた別の人に仕返しをします。心の荒みはどんどん伝播《でんぱ》し、広がり、世の中まで荒むようになります。

世の中を荒ませないためには、自分が体験してきた辛い思いを、自分自身で消化できる人間になることです。

人に押されたら押し返すのではなく、押されっぱなしで自分のなかにおさめていく。周囲に決して伝播させない。

ひとりひとりがわが身に引き受けていけば、世の中は必ずよくなります。仕返しをしているようでは、せっかくの体験が無駄になるばかりです。もちろん、怒りや悔しさをバネにして努力することも大事なことです。しかし、度が過ぎると人間の卑しさ、醜さにつながるから気をつけなければなりません。

小人《しょうじん》、窮《きゅう》すれば濫《みだ》る

孔子とその弟子・子路の問答を紹介します。

子路曰く、「聖人といえども窮《きゅう》するか」。

（あなたは人から聖人といわれているが、聖人といえどもそんなに困るんですか）

孔子曰く、「君子、固《もと》より窮《きゅう》す」。ただし「小人《しょうじん》、窮《きゅう》すれば斯《ここ》に濫《みだ》る」。

（聖人君子だってもちろん窮するさ。しかし、普通の人はちょっと困ったりするとすぐパニックになったりして乱れるが、聖人は乱れない。これが聖人と小人の違いだ）

孔子は生涯、定まった住処《すみか》もなく、放浪生活を続けていました。

この問答は、そんな食うや食わずの師・孔子の姿に対して、納得のいかなかった弟子の子路が質問し、孔子が答えたものです。

孔子がここで子路に教え諭《さと》したかったことは、逆境のときの心構えだったのではないかと思います。

順境のときはともかく、逆境のとき、人間が試されます。そのとき、心を乱すことなく、どれだけ平常心でおれるかどうか。

なかなか難しいことです。私が平素、心がけていることは、小さな喜びをできるだけ大きく感じ取れるような自分になること。

小鳥のさえずり、一輪の花にも感動し、ちょっとした人様の好意にも感謝できる人の心は、余裕があり、大きな困難を小さく受け止める知恵が湧いてくると信じているからです。

唾面自乾《だめんじかん》

取引先の会社再建を手伝ったことが原因して、いわれなき災難に遭遇したことがあります。あろうことか、支援先の社長がやくざを連れていいがかりをつけてきたのでした。

「恩を仇《あだ》で返す」とは、まさにこのことです。

そのとき私は、六人のやくざに無理やり連行されて、約二十五時間半、監禁される羽目になりました。

監禁中の私は、恫喝《どうかつ》され屈辱的な罵声《ばせい》を全身に浴びせられました。近くにあった灰皿や花瓶まで投げつけられ、カミソリで何カ所か服も切られました。それでも動じなかった私を挑発するかのように、やくざは私の顔面に唾《つば》を何回も吐きかけました。そのとき私は、滴《したた》り落ちる顔面の唾を拭《ぬぐ》わず、乾くまでひたすら耐えたのです。

私が耐えられたのは、中国の言葉「唾面自乾」を知っていたからです。「唾面自乾」とは、たとえ顔に唾を吐きかけられても拭《ふ》かずに、自然に乾くまで待て、という意。

私は、この言葉を知っていたことによって救われました。

あまりにも泰然自若《たいぜんじじゃく》としている私に、流石《さすが》のやくざもさじを投げました。私のために、わざわざ車を呼んで近くの駅まで送る手配までしてくれました。

そして、私は、無事、窮地《きゅうち》を脱することができたのです。

どれだけ受け入れられるか

どんな会社でも、二割は不要な社員がいるといわれています。だからといって、その二割の社員を排除しても、新たな二割が必ず発生するものです。

大切なことは、排除するのではなく、受け入れるという考え方。不必要と思われている二割の社員がいるからこそ、周りの社員が頑張れるということもあるのではないでしょうか。

同じように、弱者や高齢者を全部切り捨てれば、日本はよくなるか。決してよくはなりません。また、三人いる子供のうち、ひとりに重度の障害があったとして、では、その子供が早く死んでしまえば家族が幸せになれるか。決して、幸せにはなれません。

弱者や高齢者を引き受けて、守り抜いていったとき、初めて幸せを実感できるものだと思います。

人間も、好きなものばかり食べていると不健康になります。好き嫌いせずに、バランスのとれた食事をとるからこそ、健康を維持することができます。

排除するのではなく、どれだけ受け入れられるか。

不都合なことを受け入れて、工夫改善するところに新しい細胞が生まれます。不都合なことを切り捨てるだけだったら、残るのは冷酷な気持ちだけ。悔いを残すだけです。

一からやり直してみる

現状を打開しようとするとき、いままで自分が持っているものをそのままにしておいて何かを得ようとすると悩みが尽きません。

何かを得ようとするのであれば、自分の持っている何かを捨てること。何かを始めようとするのであれば、何かをやめることが先決です。

私の知っている人に、校長職を返上して一教員になられた先生がいます。自分の教育信念に従ったうえでの勇断です。また、最初から管理職には一切ならないと心に決めて、生涯一教師を貫いておられる先生もいます。いずれの先生も立派だと思います。

自分の教育信念を素直に実行していこうとすればするほど、肩書が邪魔になることもあるのではないでしょうか。そんなとき、肩書をそのままにしておいて問題解決の道を探ろうとしますと、悩みと迷いはますます深くなるものです。

自分の信念や望みを貫き通すためには、いったん現在の地位とか収入を返上して一からやり直してみる。大切な対処法ではないかと思います。私もいままでの人生で、この対処法を何回も実行してきました。確かにそのときは、大変厳しい危険な選択でしたが、いまとなっては最善の選択だったと満足しています。

何も捨てないで何かを得ようという考えは、人体にたとえると「便秘をしている」ようなものです。

「悩み」や「不安」はみな平等

悩みや不安のない人はいません。ひとつやふたつ、何か問題を抱えて生きているのが人間というものです。

ところが、自分だけに悩みや不安が襲いかかっていると思い込んでいる人がいます。この人は、悩みや不安からなかなか抜け出すことができません。やっかいなことに、そういう人ほど人の不幸は小さく見え、自分の不幸だけを大きく増殖させる傾向があります。反対に、人の幸せは大きく見え、自分の幸せは小さく感じる傾向があります。

問題解決に当たって、まずこの思い込みが大きな間違いのもと。

周囲の人も同じように、悩みや不安を抱えているということをよく認識することから対処することです。この考え方に立たない限り、悩みや不安を克服することはできません。

繰り返します。悩みや不安はみな平等です。みんなも同じように問題を抱え、自分なりに克服して生きています。

大切なことは、自分もそんなひとりにすぎないと信じることです。

そのうえで、よい人と交わり、その人のよいところを吸収して対処する以外に方法はありません。

ハッキリしていることは、自分で乗り越えられないような悩みや不安に遭遇することは絶対ないということです。その人相応の悩みや不安しか、身に及ばないということです。安心してください。

「攀念痴《はんねんち》」を持たない

「攀念」とは人を恨む、憎むという想念の意。「痴」とは、そういうことをするのは愚かなことだという意。

以前、私も、人に騙されて大金を失ったりしますと、悔しくて、腹が立って、夜も眠れないことがよくありました。身体はクタクタに疲れているのに頭が冴《さ》えて眠れない。焦れば焦るほど眠れない。朝方になると眠くなる。そんな愚かなことを繰り返していました。

騙されたうえに、騙された本人が夜も眠れずエネルギーを消耗し、精神まで蝕《むしば》まれる。考えてみますと、こんな割に合わないことはありません。人を恨んだり憎んだりしても、いいことは何ひとつない。損するのは自分。つまるところ「攀念」を抱いた自分が不幸になる。

理屈ではわかっていても、そのとらわれから脱却できないのがわれわれ凡人です。私がそのことに気づいたのは、さんざん体験してからのことでした。そこで私は、次のことを実行してきました。

「攀念」を抱きそうになったら、「あっ、またつまらないことをやっているな」と自分自身に言い聞かせる。声に出して。

不思議なもので、そんなことを繰り返し実行しているうちに、心のとらわれを自由自在に操れるようになりました。いまではどんなに大きな問題が起きても、布団に入って数秒で熟睡できるようになりました。

「攀念痴」を持たない。人生の極意だと思います。

第六章

人間力を高める

「本物人間」の見分け方

その人が「本物人間」であるかどうかを見分ける基準として、私は次の二つのことを参考にして判断するようにしています。

ひとつは、その人のいっていることと行っていることがどれだけ一致しているかです。あとひとつは、自分の利益に直接結びつかないことに対して、どれだけ無心に取り組んでいるかどうかです。

ひとつ目について。言葉でいうことは誰でもどのようにでもいえます。しかし、いったことをそのまま実行することは至難の業《わざ》。言動と行動をまったく一致させることはできなくても、できるだけ近づける努力はしなければなりません。「いっていること」と「行っていること」が限りなく近い人、この人が「本物人間」です。

二つ目について。「これをやれば、これだけの利益がある」とか「この人とつき合えば、こんな得がある」というようなことに対しては、誰でもすぐに取り組みます。

ところが、自分の利益に直接結びつかないようなことに対しては、なかなか動こうとしません。自分の利益を度外視して、自分以外の人のために動ける人。この人が「本物人間」です。

最後に「本物人間」の共通点。たとえ成果が見込めなくても、自分が為すべきことをする。いや、見て見ぬ振りができない。せずにおれない。そういう気持ちの持ち主ではないかと思います。

真の幸せは義務の甘受のなかにある

フランスの作家、サン・テグジュペリ著『夜間飛行』のなかに出てくる一節を紹介します。「真の幸せは、自由のなかにあるのではない。義務の甘受のなかに存在する」。

この一節を読んだとき、次のような実例が思い浮かびました。

当社の事例です。かつて社員のA君が「身体の具合が悪いから」といって、しょっちゅう午後から会社に出てきていました。ところが、そのA君に「一回も病院を使わなかった」という社会保険事務所からの表彰状が届いたことがあります。つまり、A君は病院に行くといって会社に嘘をいい、ずる休みをしていたのです。

一度こういうことが発覚しますと、周囲からの信頼を失います。本当に身体の具合が悪く病院に行くといっても、「また、あいつは嘘をついている」といわれるようになります。

そのぶん、周囲の監視の目が厳しくなります。

このように、義務を放棄し、ルールを破ると、そのたびに窮屈な人生を余儀なくされます。

一方、ルールをきちんと守る人は、周囲から信頼されます。もちろん、監視されたり干渉されるようなこともありません。義務を甘受し、ルールを守った人だけが味わえる自由です。

自分勝手なことをしていて、真の幸せを味わえるはずがありません。

本当の大人

　人間はいくつになっても、誰にでも幼児性が残っているものです。この幼児性は、年齢に関係ありません。八十歳の人でも子供はいるし、十二歳の人でも大人はいます。

　とくに、幼児性が顕著に表れるのは「わがまま」。

　同じ「わがまま」でも、「自分のわがまま」は平気で許せるのに「人のわがまま」は絶対許せない、という人がいます。

　この人は、たぶん、大した失敗も苦労もなく甘やかされて育った人ではないかと思います。

相手の立場に立って物事を考えることができない。すべてが自己中心的考え方。自分の持っている力は、自分だけのもの。一切、自分以外のために使おうとしない。

自分で自分のことをコントロールできない体質も共通しています。

こういう人は年齢に関係なく、子供。

一方、自分のことだけでなく、他者のこと、社会、国家のことまでいつも気遣いながら生きている人がいます。自分にできることはたとえわずかなことであっても、常に周囲のことを気遣って生きている人。自分にできることは何なのか、をいつも問題提起しながら生きている人。こういう人は「自分のわがまま」を自分で許すことができません。

この人が本当の大人です。

大人と子供の違い

大人と子供の違いは、数多くあります。違いのなかでも、その人の持っている時間の使い方で大きく分かれます。

誰も、あり余っている時間はありません。時間は貴重。できれば自分のためだけに使いたい人ばかりです。その時間を、直接自分の利益に結びつかないことや、周囲の人や社会のためにも費やすことができるようになったら立派な大人。

曽野綾子さんとクライン孝子さんの共著『なぜ日本人は成熟できないのか』（海竜社）のなかに、次のような一説がありました。「自分のしたいことはするけれども、人として為すべきことはしていない」。

インドの牧師が、いまの日本人に対して発した言葉です。

「人として為すべきこと」をしようと思えば、手間と時間はつきもの。面倒で苦労することばかり。簡単で楽なことは何もありません。見返りが保証されたり、約束されているわけでもありません。

だからといって「自分のしたいこと」ばかりに時間を使っていると、周囲の人々が離れていきます。協力も得られません。そういう人に限って、自分の利益や楽しみに結びつかないことをすれば「損をする」と考えるようになります。これでは、いつまでたっても子供のまま。

限りある人生。時間が命だとすれば、その命を自分以外のために費やせるようになったとき大人になったといえるのではないでしょうか。

「自分だけ」という歪《いびつ》な心

来店されるお客様のなかには、何かと難癖《なんくせ》をつけなければ気の済まない体質の人もいます。なかでも、しつこく食い下がられるお客様は、比較的社会的地位の高い人が多いように感じます。

この人たちの共通点は、「自分のいう通りにならなければ許さない」「人のいうことはまったく聞こうとしない」「自分の基準でしか物事を考えられない」「人のことはどうでもいい」「しつこい」ということです。考え方が刹那《せつな》的で、判断基準は「自分だけ」「いまだけ」。

たぶん、こうした人は、会社組織のなかで自分の成績を上げることだけに躍起になって生きてこられたのでしょう。どちらかというと、アメリカナイズされた価値観のなかで、ただひたすら駆け抜けてきた自信家ではないかと思います。

それだけに、自分以外の価値を容易に認めようとしません。ある面では、競争社会で心が歪《いびつ》になり、砕かれてしまった人なのだといってもいいかもしれません。

当然、人間は誰しも、幸せを求めて生きています。しかし「自分だけ」では幸せになれません。現実社会で「自分だけ」が幸せになろうとしても不可能なことです。だとしたら「自分だけ」という考え方を捨てて、「みんなで」幸せになる方法を考えることです。

そのためには、どうでもいいことはできるだけ譲ることです。

心の幅は無限大

スポーツ選手のようにいくら背の高い人でも、私の二倍も三倍もある人はいません。また、お相撲《すもう》さんのように体重のある人でも、私の五倍も六倍もある人はいません。

つまり、人間の体は「大きい」「小さい」といっても、その差はせいぜい私の二倍から五倍くらいが限度。

ところが、人間の持っている心の「大きさ、広さ」はどうでしょう。とても十倍、百倍というような差ではありません。人によっては、千倍、一万倍、いや、もう何倍とはいえないくらいの差があります。

この差はどうやって生ずるか。大きな分かれ目は、どれだけ自分以外の人のことを考えられるかどうかではないかと思います。

心の小さい人というのは、自分のことしか考えられません。せいぜい考えても、自分の家族のことぐらい。こういう人は、狭くて小さくて浅い心の持ち主です。

一方、心が大きく広い人というのは、自分のことよりも家族のこと、家族のことよりも社会のこと、社会のことよりも地球に住んでいるすべての人のことを思いやる心の持ち主です。

心の幅を広げるには、できるだけ自分以外の人のことを気遣う人間になることです。そういう考えになったとき、心は際限なく大きく広くなっていきます。

与えられた枠を使い尽くさない

人からの信頼を得るためには、自分に与えられた枠を使い尽くさないことだと思います。自分に与えられた枠をすべて使い尽くすような生き方ばかりをしていますと、人からの信用を失墜《しっつい》します。

わかりやすい例で説明します。

よく私は面談を求められます。たまたまその日、先約があり、「別な日にしていただけませんか」とお願いしますと、「十五分でいいですから」と強引にいわれる人がいます。

用事の緊急性を感じた私は、「そうですか」と、早朝の面談を約束します。ところが、三十分過ぎても一時間過ぎても、なかなか話が終わりません。すでに別室でお待ちいただいている人のことが、私は気になって仕方ありません。一度、こんなことがありますと、「次にもう一度」といわれても、どうしても腰が引けるものです。

逆に「十五分」の約束を「今日はお忙しいのにすみません」と、十分で帰られる人がいます。この人から次に面談を申し込まれますと、「今度は三十分間いいですよ」といって差し上げたくなります。

このように、自分に与えられた枠を使いすぎると、ますます枠が狭められてきます。反対に、自分に与えられた枠を控え目にすると、枠はますます広がります。与えられた枠をできるだけ少なく使うことが、信用につながります。

お金の使い方で人物がわかる

中国四千年の歴史に培われた帝王学の源流ともいうべき名著に『十八史略』があります。そのなかの訓《おし》えのひとつに「富みては其の与うる所を視《み》る」とあります。

つまり、財を成したとき、お金の使い方でその人物がわかるという訓《おし》えです。ちなみに、一番いいお金の使い方は、人材育成に財を投ずることだとも書いてあります。

私はお金については、大変うるさいほうだと思います。とくに小さいお金は大切に使うようにしています。しかし、大きなお金についてのは、ケチケチしないように心がけています。

お金を使うときの私の基準は「このお金を使うことによってどういう意義があるか」ということです。同時に、できるだけ自分以外のことに使うというのも、私の大きな価値基準です。

したがいまして、自分や家族が贅沢《ぜいたく》な生活をするためにお金を使うというようなことは一切ありません。

「人が富を持ったことを自慢しても、すぐに褒めてはいけない。その富をどう使ったかを見極めるまでは褒めてはいけない」

文豪のトルストイも、そう警告しています。人間としての真価が問われるのは、この点に尽きるのではないでしょうか。稼いだお金を自分のためだけに使うという考え方は、人間を下品にするだけです。

カッコよさは滅びへの道

私の人生を振り返ってみますと、悪戦苦闘の毎日でした。一日として格好よく生きた日はなかったように記憶しています。いつも、地べたを這いずり回りながら生きてきた人生でした。

格好悪い人生ではありましたが、心まで卑屈にならなかったことは幸いでした。両親の後ろ姿に学んできたおかげです。

過日、三浦綾子記念文学館を訪れたときのことです。

「カッコよさは、破滅につながる」という言葉と出逢い、勇気づけられたことがあります。いままで永年、不格好な姿で掃除をしてきた私には福音の言葉に思えました。

以来、そのような視点で周囲を眺めてきて感じたことです。

確かに、カッコよく振る舞っていることは、ことごとく、他人から見たらカッコ悪いことばかりだなということです。

カッコよさには、常にうさんくささがつきものです。分不相応《ぶんふそうおう》のことが多いだけに、不信感や嫌悪感すら感じます。

たとえば、ある経営者が、急速に高収益会社を築き上げたとします。実態は滅茶苦茶でも、周囲が注目します。カッコよく思った人のなかには、自分ができないことだけにマネをしようとする人が出てきます。この人たちがまた、世の中を悪くします。

カッコよさは滅びへの道だと思います。

人間の評価の一元化を排す

現在、多くの人が希望を失ったり、夢を失ったりして、日本全体の活力が失われています。その原因のひとつに、人間の評価の一元化が挙げられると思います。

たとえば、学校の成績。英語と数学、国語ができる人は優秀。できない人は駄目。人からの評価だけならまだしも、自分で自分を駄目だと決めつけてしまう評価の一元化は大きな問題です。

当然のことながら、人間の能力はひとつのことだけで決められるほど、単純なものではありません。人それぞれ、実にさまざまな能力があり多元化しています。

私自身、自慢ではありませんが、学校の成績はさんざんでした。英語が話せるわけではありません。数学が特別できるわけでもありません。また、難しい本を読めるわけでもありません。

その代わり、私には私にしかない能力があることを知っていました。誰にも負けない不屈の忍耐心。たとえ努力の結果、得るものが少なくても、あるいは、得るものがなくてもあきらめない。決して投げ出すことなく次に向かって取り組んでいくという才能です。

私は自分のこの才能を信じていたため、社会に出て何も困ることはありませんでした。どんな人でも、その人にしかない才能があります。そんな自分の才能に目を向けて磨くことで、必ず人生は開花します。

第七章

幸せな生き方

人間として生まれてきた意味

よく考えてみますと、私たちが地球上に人間として生まれてきたこと自体、奇跡中の奇跡と捉えるべきでしょう。

地球上にはあらゆる生物や動物が生存しています。そのなかで、犬や猫に生まれていたとしても不思議なことではありませんでした。私たちは奇跡的に人間として生まれてきたからこそ、自分の意思で「生き方」を選択する権利が与えられています。

自分の意思で「生き方」を選択できるのは、私たち人間だけに与えられた特権です。その特権を、「自分勝手なこと」だけに使ってしまっては、犬や猫にも劣る行為ではないかと思います。

いくら賢い犬や猫でも、自分の意思で生活することは許されません。ましてや、自分の生き方を変えることなど到底できないことです。

せっかく人間として生まれてきたからには、特権を最大限活かして次世代にバトンタッチする使命があります。もちろん、いっぺんに全部よくすることはできません。しかし、ほんの一部分を少しずつ変えることは私たちにもできます。ひとりひとりが、人間として生まれてきたことに感謝し「これではいけない」という使命感を自覚することです。

私自身、少なくとも「生きているのに死んでいるような人間」にだけにはなりたくありません。「死んでいるような人」に、せめて人間らしく生きてもらいたいと願って、活動を続けています。

「志」

人間が生きていくうえで、もっとも大切なことは「志」を持つということです。「志」について、私は次のように考えています。

まず一番目は、高い山のようにはるか彼方《かなた》にあって、簡単に手にすることができないもの、手を伸ばして引き寄せることもできないものでなければなりません。つまり、高い「志」というものは簡単にかなえられない、そういう大きくて遠くにあるものだということです。

二番目は、その「志」に向けて努力したとき、その努力が自分自身のためになるばかりでなく、社会のためにもなり、国家のためにもなる。それだけではなしに、地球上に住むすべての人のためになる。このことが大事な条件です。

三番目は、こういう「志」を自分で決めたら、寝ても醒《さ》めても忘れない。どんな困難が立ちはだかろうとも、絶対にあきらめない。石にしがみついてでも努力する。この心構えがなくてはいけません。

一度心にこうと決めたら、自分自身に対する自分の約束を守り抜く。これが三つ目の条件です。

さらにつけ加えるとすれば、「志」に向かって行動していく過程で、人を感動させることができているかどうか。もうひとつは、自らも感動しつつ、それを継続できているかどうか。

以上が、「志」に対する私の定義です。

足るを知る

いまの日本は、多くの国民が不満を抱いているほど、そんなに不幸な国か。そんなことはありません。ではどうして不満を感じるのか。われわれの望んでいることが、現状よりいつも大きいからです。たえず、努力した以上のものを求めているからです。

私たちは、その差に不満を感じるのであって、昔と比べていまの日本人は決して不幸ではありません。

その昔、村人がお釈迦様に尋ねました。「あなたがそんなに能力があるのなら、このヒマラヤ山脈を金《きん》に変えてみせてください」。そうすれば「村人みんなが豊かになるではありませんか」。するとお釈迦様は、「このヒマラヤ山脈を全部金《きん》に変えたとしても、ひとりの欲望すら満たすことはできない」と答えられました。人間の欲望には、それくらい際限がないということをお釈迦様は教え諭されたのです。

「一切の不幸せは、貧しさや不足から生ずるのではない。あり余るところから生ずるのだ」

ロシアの文豪、トルストイの名著『戦争と平和』の一節にもあります。私たちも「あれが足りない」「これが足りない」と不平不満ばかりをいうことは、もうそろそろやめにしなければいけません。現代人が不幸なのは、あり余る豊かさに感謝の念が足りないからです。

くれぐれも「足るを知る」ことです。

心の鍛え方

肉体を鍛える方法を知っている人は多くいます。しかし、心を鍛える方法を知っている人はそう多くないのではないでしょうか。

碩学《せきがく》・中村天風先生の教えに、「連想暗示法」とか「命令暗示法」というのがあります。寝ぎわの心がけとして、消極的なことは寝床に一切持ち込まないための訓練法です。消極的なこととは、たとえば、「悲しいこと」「腹の立つこと」「気がかりなこと」などです。

具体的方法は、明るいことを意識的に連想したり、鏡に映る自分の顔に命令的な言葉を発して心をいつもプラスに保つ実践です。

私も、この教えに似たようなことを実践してきました。いままで私が行ってきた、心を鍛える方法を紹介します。

その方法は、自分が何か悩みにとらわれたとき、「あ、またつまらないことを始めているな」と言い聞かせるだけのことです。

最初は、実感できるような効果は表れません。しかし、繰り返し繰り返し同じことを実行しているうちに、フッと湧いてきた悩みをスッと消し去ることができるようになります。この境地を自覚できるようになりますと、もう悩みや苦しみにいつまでもとらわれることはありません。このように、心も肉体同様、鍛えることができます。腕立て伏せで身体を鍛えるのと同じ理屈です。

私がこの年になって元気でいられるのも、この方法のおかげです。

心の掃除法

心を失わなければどのような苦難をも乗り越えられることは、過去の歴史が証明しています。

一方、心を失えば小さな困難にも耐えられないことも、多くの人々が自分の人生で学んでいることでしょう。

その大事な心を、いつも湧き出る泉のように清らかにする方法。

私が心がけてきたことは、掃除をすること以外に、できるだけ「人に親切にする」ことです。

人は自分がイライラすると、そのイライラした気持ちを周囲の人々に八つ当たりして憂さを晴らそうとするものです。ところが、人に八つ当たりすればするほど虚しくなり、心が荒むのは自分です。

心が荒むと、身の回りで起こることに対してことごとく神経が過敏となり、腹立たしくなります。安らかな眠りにつけず、いつも気だるさだけが残り、エネルギーが再生されません。

私は、自分がイライラしていたり、苦難に直面しているときこそ、周りの人々に親切にすることを心がけています。人に親切にし、人の喜ぶ顔を見ると、自分が直面している悩みや苦しみを小さく受け止めることができるようになるからです。

できるだけ「人に親切にする」ことが、私にとって最良の心の掃除法になっています。

心の無駄遣い

生きていくうえで、さまざまな無駄遣《むだづか》いがあります。

時間の無駄遣い。お金の無駄遣い。ものの無駄遣い。これらの無駄遣いには、大概の人が敏感に気づき、問題にします。ところが、「心の無駄遣い」にはほとんどの人が無関心。無駄遣いのなかでも、もっとも大きな無駄遣いが「心の無駄遣い」であるにもかかわらず、驚くべきことです。

前述の三つの無駄遣いと心の無駄遣いは、決して無関係ではありません。とくに、お金の無駄遣いと心の無駄遣いには深い因果関係があります。

たとえば、家庭のなかで、誰かが「心の無駄遣い」をするようになると、家庭の雰囲気が悪くなるばかりではなく、お金の無駄遣いまで始まってしまいます。

国家の場合、政治家が「心の無駄遣い」を始めると、税金も無駄遣いされるようになります。結果的に、国の経済が崩壊します。

心は目に見えないだけに、影響の大きさに誰もなかなか気づきません。しかし、この本質的な原因に気づかない限り、根本的な問題解決にはつながりません。「心の無駄遣い」の最たるものは、よからぬことばかりを考える、安易なことばかりを考えることです。

この「心の無駄遣い」に気づき、自分自身の幸せのため、そして、世の中をよくするために心を遣うよう切り替えていくことです。

できるだけ譲る

「終身路《みち》を譲るも、百歩を枉《ま》げず」（『新唐書』）。

「枉げず」とは「超えない」という意。つまり、生涯、人に路を譲っても、百歩の距離を迂回《うかい》するわけではない。それほどわずかなことだから、こちらから譲るべきであるという訓《おし》えです。

私も、譲れることはできるだけ譲るようにしてきました。

譲ることは、私が心がけてきた大事な信条のひとつです。

そんな私に、譲ってばかりいたらいつまでも人に先を越されてしまう、と心配してくれる人がいます。そんなことはありません。

譲れることは譲ったほうが、逆に早く目的を達成できるものです。

自分を守ろうとすればするほど、人は動いてくれません。

私の場合、譲りきったら、人が動いてくれるようになりました。

このことは、いままでの私の人生で、幾度となく体験し痛感してきたことです。我《が》を張り、人から物を奪うような生き方をしている人は、信用を失うばかりでなく必ず晩節《ばんせつ》を汚します。

しかし、できるだけ譲るようにして生きてはきましたが、ある一線を超えたら一歩も譲らないようにしています。

一歩も譲らないのは、私個人の利害からではありません。

これを譲ったら、社員が幸せにならない。相手にもよくない。

この二つが、譲らないときの私の判断基準です。

浅ましい考えを捨てる

ホテルや旅館を利用するとき、常備してある備品はほとんど使わないように心がけています。理由は、一回使っただけでゴミになったり、そのたびに洗濯をしなければならないからです。結果において、資源が無駄になり、ゴミが増えるだけだからです。

出張でホテルや旅館を利用するときは、自分の使用する洗面具をいつも持ち歩き、持参したものを使っています。気遣っているのは、備品だけではありません。使用したシーツも、同じ部屋に連泊するときは「この部屋は今日も使いますので、シーツは取り替えなくても結構です」と紙に書いて外出するようにしています。

この話を講演会で披露したときのことです。私の話を感心しながら聞いていた中年の男性から、講演会後の懇親会で誇らしげにいわれたことがあります。「私もホテルの備品は一切使っていません」。その代わり「もったいないからすべて持ち帰って、自宅に溜めています」。

そのときばかりは、会場で周囲の人たちと大爆笑しました。

確かに、料金のなかには、石鹸やシャンプーやカミソリ等の代金も含まれています。だからといって「全部使わなければ損だ」という発想は、浅ましい考えだと思います。

むしろ、そうしたものは使わずに全部残しておく。与えられたものを使い尽くさない、という考えのほうが心豊かになれるものです。

三つの幸せ

人間はひとりの例外もなく、幸せに生きたいという願望を持っています。ところが、どうしたら幸せな生き方ができるのか、具体的にわからない人も多いのではないかと思います。

幸せには三つあるといわれます。

ひとつ目の幸せは「してもらう幸せ」。

赤ちゃんのとき誰もが、お腹が空けば泣いたし、オムツが濡れれば泣きました。するとお母さんが飛んできて、おっぱいを含ましたり、オムツを替えてくれました。そのとき私たちは幸せでした。これが

「してもらう幸せ」です。

二つ目は、自分で「できる幸せ」。ひとりで自転車に乗れるようになった。字が書けるようになった。何でも自分でできるようになると、偉くなった気がしてうれしいものです。これが「できる幸せ」です。サッカーがうまくなった。

そして最後は、人に「してあげる幸せ」。

人に物を差し上げる、何かして差し上げる、相手の喜びをわが喜びとする。そんな人は、人から好かれ頼りにされます。

「してあげる幸せ」は三つの幸せのなかでも最高の幸せです。

私たちも「してもらう幸せ」から「できる幸せ」へと進み、そして「してあげる幸せ」を味わえる人生を送りたいものです。

私の宗教観

いままで生きてきたなかで「もうこれで終わり」、と観念したくなるような場面に何回となく遭遇してきました。

やくざに監禁されたとき。取引先の倒産によって、高額の不渡り手形をつかまされたとき。売上げの二分の一以上を占める、主要取引先からの撤退を決断しなければならなかったとき。

そのたびに、自分の力では如何《いかん》ともし難い、絶望感に襲われました。活路を見出せない日々が、悶々《もんもん》と続いたときもあります。

しかし、どんなに苦しかったときでも、神様にすがりついたりお願いしたりしたことはありません。

神様をないがしろにしているということではありません。

神様や仏様を敬《うやま》っても、頼らない。間違っても「神様、これこれをよろしくお願いします」というような一方的なお願いごとはしなかったということです。私が拝むときは、「今日も一日、ありがとうございます」とか、「今日もこうして目が覚めて、生きておれて、ありがとうございます」という感謝の気持ちをいうだけです。

神様や仏様に手を合わせて頭を下げれば、自ずから敬虔《けいけん》な気持ちになれる。おだやかな毎日が送れる。

私はそれだけで余りある神様のご加護だと思っています。したがって、特定の宗教に依存するというような考え方も、私にはありません。

第八章

仕事をいかに進めるか

何のために仕事をするのか

働きこそが最上の喜びです。働きを通じて喜び、感謝できるようになったとき、仕事に命が吹き込まれるようになります。

私はよく若い人に「キミは何のために仕事をしているの」と聞くことがあります。ほとんどの人が「食うためです」と答えます。ではキミは「食えたら仕事をしないのか」ということです。若者のなかにフリーターが増えているのも、こうした意識の表れだと思います。

「食うため」だけに仕事をするという発想は、犬や猫と同じ。人間として、あまりにも幼稚で情けない考え方です。

もともと人間は、働くのが本能です。身体を動かしていることそのことが、生きるということにも通じます。「食うため」のお金が十分にあって仕事をしなければ、人間は間違いなく死を早めます。早く死にたくて生きている人はいません。二度とない人生。どうせ生きるのであれば、仕事を通じて生きがいを求めるのが人間の知恵というものです。

私も七十歳を過ぎた現在、毎朝無事に目が覚めただけでも感謝の念でいっぱいになります。ましてや、やるべき仕事が与えられているということは、私にとって無上の喜び以外の何ものでもありません。

これからも、歓喜に満ちた気持ちで仕事に取り組み、ますます自分の仕事に命を吹き込んでいきたいと考えています。

「感性」で仕事を

私の会社には、マニュアルらしきものはほとんどありません。もちろん工具類の取扱説明書のようなものはありますが、接客マニュアルのようなものはありません。

マニュアルばかりに頼っていますと、人間としてもっとも大切な感性が低下すると危惧《きぐ》するからです。感性がなくなると、ロボットのような人間になります。

その結果、社員ひとりひとりがまったく別々の「個体」となり、会社運営に血が通わなくなります。

会社は連帯意識を持った社員と社員の協調性で成り立っています。会社を健全に経営するためには、協調性のもととなる感性をお互いに磨き、「感じる力」を身につけることです。「感じる力」が研ぎ澄まされてきますと、自然と連帯感が生まれるようになります。「感じる力」を身につける具体的方法は、自分で身体を動かし、暑さ寒さを肌で体験してみることです。頭の勉強だけでは決して身につくものではありません。

私は創業以来、自分の行動を通して、社員に感じてもらうように心がけてきました。言葉だけで、わかってもらおうとか理解してもらおうというのは不可能に近いことです。自分で感じなければ、社員の行動は変わりません。

「5S」の本当の意味

仕事のなかで、「5S」の重要性は誰もが認めていることです。

ところが、本当の意味で「5S」が理解され定着しているでしょうか。どうも、そう思われないことも多くあります。

改めて、「5S」について復習してみます。

「整理」……要るものと要らないものを分別すること。要らないものは捨てる。要るものは活かして使う。

「整頓」……必要なものをいつでも誰でも取り出せ、常に使える状態にすること。そのためには、置き場所の決定と表示（見出し）を明確にすることです。整理・整頓を徹底しますと、仕事の効率と能率が上がるようになります。

「清掃」……清掃というのは、行動そのもの。清掃即行動。直接、自分の手足、身体を使うということです。清掃を徹底しますと、仕事の質が上がるようになります。

「清潔」……整理・整頓・清掃がきちんとできた状態を維持していくこと。そのうえで、汚さない仕組み、乱れない仕組みにすること。清潔を徹底しますと、工夫改善能力が身につくようになります。

「躾」……整理・整頓・清掃・清潔を指示や命令でやったり、規則でやったり、当番でやるというのではなく、習慣として身につけること。躾が定着しますと、社風がよくなります。

繁盛店の基本

「来る人には楽しみを、帰る人には喜びを」

小売店を繁盛させるための基本だと思います。

そのためにはどうするか。徹底してきれいにすることです。きれいにしたうえで、何かひとつを特化していくことです。

たとえば、優しさの追求。具体的には、人なつっこい応対、目に優しい商品の展示、お店のなかにいるだけでゆとりが感じられ気持ちのいい雰囲気づくりなどです。

優しさも、見方を変えると弱さに見えることがあります。

自分では礼儀正しいと信じてやっていることでも、見方を変えると堅苦しく感じられることもあります。

原因は、いまひとつ徹底されず、定着していないからです。

誰から見ても優しく、礼儀正しいという評価を受けるためには、徹底して特化することです。

特化するということは、千人が千人とも「ほう、この店はこういう点が他の店にない素晴らしいところだ」と評価してくださるようになることです。

芸術も特化されたものだけが歴史に耐え、遺されてきました。

お店も同じです。

商品が売れない理由

「値段が高い」「品ぞろえが悪い」「立地がよくない」

商品が売れなくなると、ついこういう考え方になりがちです。

しかし、いくらいい商品を仕入れてきても、従来と同じ売り方をしている以上、そう簡単に売れるものではありません。

商品を何としてでも売るためには、その商品にふさわしい売り方、扱い方を工夫して、販売する以外に方法がありません。

私どものある店舗で、いつまでも売れずに残っているベビーチェアがありました。売れないものですからつい、最上段の商品棚に置き去りにされていました。私がそのベビーチェアを下ろし、よく見ると、埃《ほこり》がかかっており、数匹の虫の死骸も見つかりました。

そこで私は、担当者を呼び、次のように指示しました。

「ベビーチェアの埃をきれいに掃き払い、透明のビニールシートでラッピングし、可愛いリボンをかけるように」

そのうえで、一番、目のつきやすい棚に陳列してもらいました。

そうしましたら、何と、その日のうちに二台売れたのです。

このように、売れないからといって、いままでと同じ売り方、同じ方法で陳列していても、いつまでも売れるものではありません。

大切なことは、その商品の価値を見出し、売り方や扱い方を変える工夫をしてみることです。

不合理なことを切り捨てない

不合理なことは切り捨てる。

一般的企業のもっともらしい「合理的」な論理です。

しかし、そういう考え方では会社はよくなりません。できるだけ不合理なことを引き受ける。こういう経営姿勢で臨んだとき初めて、人間は努力し、工夫もするものです。

卸売りが売上げの大半を占めていたころ、販売方針を「一品大量」から「多品種少量」へ大転換したことがありました。それまでの卸売業界では考えられない無謀な決断でした。

当然、「多品種少量」販売は「一品大量」販売よりも大幅に手間ひまを必要とします。「多品種少量」販売に対応するためには、大きな物流センターも建設しなければならず、コストも上がります。

お客様にとっては合理的なことでも、当社にとっては不合理なことばかり。ところが、昨今では「多品種少量」販売に対応できない卸売業者は活路を見出せない時代になっています。

当社が現在、業容を拡大しながらお客様の要望に対応できるようになったのも、早めに不合理を受け入れ工夫改善したおかげです。自分にとって不合理なことを全部拒否していたら、人間はいつまでも成長できません。不合理なことを何とかして合理的に変えようとするなかで、本当の知恵と才覚が育まれます。

「相対差」よりも「絶対差」

「相対差」は周囲との比較。「絶対差」は自分自身との闘いです。

「相対差」の世界で生きていますと、いつまでも心の安らぎは得られません。いつ追い越されるかもしれない、いつ失うかもしれないという不安と恐怖がつきまといます。

競争に勝つことだけが頭にこびりつき、結果だけを追い求めるようになります。「終わりよければ、すべてよし」という短絡的な考え方になり、途中の大切な過程を省《はぶ》くようになります。

途中を省き、結果だけを急ぎますと、仕事そのものに誠意が感じられなくなります。事実、結果を追うあまり、あの手この手を使い、ついには犯罪まがいの経営をしている会社が多くあります。そういう会社が、いまの世相を悪くしている大きな原因にもなっています。誠意の伴わない事業は、一時期成長しても転落するのも早いものです。

一方、「絶対差」の世界は、過程を大事にする生き方です。勝つとか負けるという世界ではありません。争わない世界のことです。結果に表れた数字はたとえ小さくても、質では比較しようのない世界のことです。数字では表しようのない世界といってもいいかもしれません。人間なら人格、会社なら社風。「絶対差」の世界で生きていますと、自信と満足が得られます。私はいままで、この世界を追い求めてきました。その具体的な実践が掃除です。

「結果主義」より「プロセス主義」

大事なのは結果ではなく、プロセス。もちろん会社は、結果を出すことが大事。しかし、もっと大事なことは、どういうプロセスを経てこの結果を手にしているかどうか、ということです。

たくさん売れればいい、儲かればいい、というような結果主義には、誠意が感じられません。結果を急ぐあまり、途中の大切なことを全部省いてしまうからです。このような手抜きした結果主義が、いまの世相を悪くしている大きな元凶ではないかと思います。

会社創業以来、私は結果よりもプロセスにこだわってきました。プロセス主義を続けていけば、個人の人生も、事業も必ずよくなる。私はそう信じて、実行してきました。そして、現在も何よりも大事にしている私の信念です。

ところが、プロセスを大事にする会社経営は、当初、努力の成果が目に見える形で感じられないだけに、どうしても軽視されがちです。しかし、本気で社員のことを考え、顧客第一主義を貫くためには、どうしても避けて通れない道です。一見、迂遠《うえん》のように見えますが、私はこの道を選んできてよかったといまでも確信しています。

乱世ともいえる時代を迎えたいまこそ、プロセス主義の大切さを強く訴えておきたいと思うのです。結果だけを追い求めるあまり、これ以上、負の遺産を後世に遺してはならないと危惧するからです。

意味のない統計資料

多くの時間と費用を費やして作成された文部科学省の統計資料には、私は訴えるものを何も感じません。

たぶん、当事者が他人事のように取り組み、責任の所在をはっきりさせないからだと思います。

それに比して、一学校一学級、先生の手による学校通信や学級通信は、はるかに迫力を持って私に訴えてくるものがあります。先生方が「まず子供ありき」の声を率直に伝えておられるからです。教育現場に直結した熱意が、ビンビン伝わってくるからです。

文部科学省の官僚に限らず政治家も、方針を国民に本気で伝えようとする気持ちがあるのであれば、自分たちがまず現場感覚を身につけることです。そのうえで、方針と提案する人に違和感が生じないような姿勢を示すべきです。

たとえば、発展途上国の貧困や環境問題を討議するとき、きらびやかで立派な会議室を使用する。高級な衣服や装身具を身につけて出席する。ミネラルウォーターを飲みながら尊大な態度でふんぞり返っている。居眠りをする。いずれも論外です。

現場感覚の伴わない言葉や文章でいくら説かれても、何の説得力もありません。指導者は、自ら渦中に身を置き、無責任な傍観者にならないことです。

ジーコの教訓

当社はサッカーチーム「鹿島アントラーズ」のスポンサー会社になっています。

実はJリーグが始まったとき、「鹿島アントラーズ」は最下位のチームでした。そのチームに、何とサッカーの神様といわれていたジーコが監督として就任しました。

ジーコの指導により「鹿島アントラーズ」は、またたくまに日本一のチームになったのです。

監督就任当初、選手は世界のジーコが来たからには、さぞかし高度なテクニックを指導してくれるものとばかり期待していました。ところが、ジーコの指導は、来る日も来る日も基礎訓練と基本練習の繰り返し。さすがの選手たちも、ジーコに直訴しました。

「中学生がやるようなレベルの低いことではなく、もっと高度なプロらしい技術を教えてほしい」。その直訴に対してジーコは、「君たちは基本、基礎訓練ができていない。だから強くなれないんだ」。

ジーコのこの言葉に、一流プロを自認していた選手たちはショックを受けました。しかし、相手は偉大なるジーコ監督。指示されるまま、基本練習に打ち込むなかで自分たちの未熟さに気づいていったのです。

選手が素直に従えたのは、ジーコ監督の肩書に対してだけではありません。ジーコの人格が伴っていたからです。

第九章

正しい経営のあり方

恥ずべき経営

東京・千代田区にある大妻女子大学の校訓は「恥を知れ」だそうです。厚顔無恥こそが、人間としてもっともよくないことだという訓《おし》えでしょうか。実に、いい校訓だと思います。

昔の日本人は、生活は貧しくても何より恥を重んじて生きてきました。ところが、戦後の高度経済成長を経て、価値感が利益優先になり、恥ずべきことでも平気でするようになっています。

たとえば、会社は過酷な目標を立て、社員に相当な無理を強いる。目標達成が困難になると、手抜きだけでなく、次第にごまかし、騙すようになる。それでも間に合わなくなると犯罪にまで走る。

会社で理不尽なことを強いられてきた夫は、家に帰るとやり場のない憂さ、持って行き場のない怒りを弱い妻子にぶつける。ときには暴力を振るうことで鬱憤《うっぷん》を晴らすケースにまで発展する。

恥も外聞もなく、利益追求だけを追い求めてきた経営者の責任です。廉恥心《れんちしん》のない人に、理性はありません。理性のない経営者は、動物と同じ。だからこそ、廉恥心はあらゆる教えの出発点でなければなりません。

『孟子』にも「恥の人におけるや大なり」（不正、不義を恥じれば聖賢と同じになれるが、恥を知らなければ最低の人間になる）とあります。「廉恥心なき者は人に非《あら》ず」ということではないでしょうか。

理想の会社

世間に迷惑をかけなければ成り立っていかないような会社であれば、その会社は存在すべきではありません。

また、世間から顰蹙《ひんしゅく》を買うような会社だとするならば、会社経営をしている意味がありません。

世間から喜ばれ、社員が誇りを持てるような会社にしたい。

会社経営に対する私の一貫した姿勢です。

会社である以上、当然、売上げと利益を伸ばすことは大切。

しかし、それ以上に大事なのが、社員の人間的成長です。売上げや利益は、やり方によっては一時的に伸ばすこともできますが、人間の成長には相当な期間と忍耐力を必要とします。

たとえ、売上げや利益が上がらなくても、社員の人間的成長に費やす努力を優先すべきだと考えています。

おだやかな人柄の社員だけでもきちんと売上げが上げられる会社。取引先に対して、嘘をつかず、騙すようなことをしなくても立派にやっていける会社。

間違っても、売上げ目標達成のために、過酷な競争を強いられるような会社にだけはしない。たとえ、社外は競争社会であっても、社内はいつも共生。

そんな会社が、私の理想とする会社です。

利益至上主義経営の弊害

当然のことですが、会社は売上げを上げて利益を得ることをもっとも大きな目的にしています。一部上場会社である当社にも事業計画書があり、そのなかに目標とすべき利益も明示されています。

だからといって、私は利益達成のために形振《なりふ》り構《かま》わないというような経営はしてきませんでした。理由は、利益至上主義経営のもたらす弊害に危険を感じていたからです。

利益目標だけを強制しますと、社員の心は荒んできます。心の荒んだ社員は、仕入先や取引会社に過酷なコストダウンを要求するようになります。また、販売先には押し売りをするようになります。そうしますと、相手の心まで荒んできます。

挙句の果ては、資金繰りのため、仕入れた値段以下で売らざるを得なくなります。結果において、世の中まで荒むようになります。

経営者がただ単に利益目標を達成したいと望むのは、経営者の個人欲であり名誉心にすぎないと思います。経営者は利益達成を追い求める以上に、社員の心の荒みをなくすことに心を砕くべきです。私はおだやかな社員だけでも成り立つ会社経営を目指してきました。

社員を犠牲にした会社発展は、何の意味もありません。むしろ、そういう会社は存在すべきではありません。

心の荒みは諸悪の根源。一貫した私の信念です。

よい社風が会社を強くする

会社経営でもっとも大切なことは、よい社風をつくることです。

荒んだ心の集団で成り立っている会社くらい、悲惨なものはありません。いくら高収益を上げていようが、新聞紙上でもてはやされていようが、そんな会社を私はよい会社だとは思いません。

当然、会社にとって利益も大事ですが、社風を犠牲にしてまで得た利益では意味がありません。

それよりも、郵便を届けてくれる人、出前を持ってくる人、商品を届けにくる人、運送会社の運転手さん、そういう人に、分け隔てなく心温かく接する社員のいる会社こそ、よい会社だと思います。

もちろん会社には、就業規則があります。しかし、社員が就業規則で動いている実態はありません。ほとんど、社風で動いています。

したがって、社風をよくしなければ、絶対、会社はよくなりません。社風をよくするためには、職場をきれいにすることです。

当社では、社内だけでなく、会社周辺約二・五〜三キロメートルの道路を毎朝掃除しています。職場内外の環境を社員と一緒にきれいにすることによって、社内の連携がスムーズになり、協調性が出てきました。社員の心もおだやかになってきました。

人間はいつも見ているものに、気持ちが似てくるからだと思います。

職場をきれいにすると、例外なく社風がよくなります。

「同質集団」より「異質集団」

「巨人と阪神の違いはどこにあると思いますか」

ある講演会で突然質問されたことがあります。実は私は、誰がどこのチームの選手かも知らないくらい野球音痴なのです。

そのとき私は、とっさに次のようにお答えしました。

「巨人は同質集団、阪神は異質集団。巨人はあの手この手を尽くしてエースや強打者ばかりを集めてくる同質集団、阪神はその逆」

野球のことをよく知らない私にも、当時の巨人はそういうチームのように見えました。そして実際、そのころの成績は、その弊害をよく証明していました。

官庁が健全に機能していないのも、「同質集団」だからです。東大法学部卒の優秀な人間だけを集めたからといって、健全に機能するはずがありません。知識や学歴を否定しているのではありません。同質の似た者だけを集めるというのがよくないという考えです。組織は異質の人間が混在するからこそ、活性化します。お互い、自分の不足を補ってもらったり、学べたりするからです。

会社も、同質の社員ばかりが集まったときに、腐敗します。たとえば、当社の場合、私が掃除をするからといって、全社員が参加するわけではありません。約二割の社員は、いまだに掃除はしていません。それでいいのです。むしろ、全社員が同質の価値観で動いているほうが異様な感じがします。

社長の仕事は率先垂範

裸一貫から、世界的な超優良企業、松下電器を創り上げた松下幸之助翁のエピソードを紹介します。

ある講演会で、出席した経営者の質問に答えたものです。

質問　「社員の意欲を高め、大いに働いてもらうコツは、ひと口にいうとどういうことでしょうか」

松下　「『頭《かしら》がまわらなければ尾もまわらん』という言葉もあります。社員があなたの活動を見て、『一所懸命にやっている。気の毒だ』と思うほどであれば、全部が一致団結して働くでしょう。けれど、そうでない限りは、あなたの活動の程度に皆が動くでしょう。遊んでいながら働けといっても、それは働きません」

いかがでしょうか。私たちは、少し会社の規模が大きくなりますと、社長の率先垂範を疎《おろそ》かにしがちです。社長が率先垂範を怠りますと、社内の「異常」に気づかなくなります。社員の「気持ち」も見えなくなります。前述の松下翁の答えは、社長たる者、率先垂範を覚悟できる人でなければならないという教えです。換言すると、率先垂範できない人は社長の座にいてはいけないということです。

私は会社創業以来、掃除を通して率先垂範してきました。

七十二歳になる現在も、毎朝六時三十分ごろには出社して、約一時間半、会社内外の掃除をしています。

社員教育の要諦

「教育とは流れる川の水に文字を書くが如く虚しいことである。しかし、岩壁に文字を刻むが如くやり続けなければならない」

「どんな素晴らしい教えでも、相手が心を開かなければ伝わらない。それは、伏せたコップの上から水を注いでいるのと同じである。まずコップを上に向けさせることが大切だ」

いずれも、国民教育の師父として著名なる森信三先生の至言です。

私はこの言葉に出会ったとき、救われるような気持ちになりました。あれだけ高名な森先生にしてもそうだったのかと知ったとき、迷いがなくなり勇気が湧いてきました。

　同時に、聞く耳を持たぬ社員にどんないい話をしても、理解してもらえないばかりか反発を買うだけ。教育の原点は、まず相手の心を開かせることだということにも気づきました。

　もともと、私には社員を教育できるような特別な能力はありません。言葉で説得したり文章で伝える才能がなかった私は、自分自身の生き方と行動で社員を導くよりほかにありませんでした。

　一年三百六十五日休みなく、先頭に立って仕事をしてきたことはもちろん。それこそ、全身全霊を傾けて事業に打ち込んできました。

　社員から気の毒がられるような社長の経営姿勢が伴ってこその、社員教育だと思います。

社員への想い

縁あって私と仕事をともにしてくれる社員を、どうすれば幸せにすることができるか。

創業以来、そのことばかりを思い続けてきました。

他の会社のほうが給料がよいかもしれない。労働条件もよいかもしれない。にもかかわらず、私が経営する会社で仕事をしてくれる。この社員を何とかして幸せにしたい。この想いは、いまでも変わらない私の信念です。

高度経済成長時代はとくに、社員の入退社が頻繁にありました。

白い封筒を胸ポケットから出されるたびに心を痛めていました。そんなとき、いつも自分自身に言い聞かせていたことは、辞めていった社員が「辞めなければよかった」、在籍している社員が「この会社に残っていてよかった」と思ってくれるような会社にしたい、ということだけでした。

また、創業時の会社は、ウサギ小屋みたいなものでした。「人から見られていると、会社に出入りするのがいやだ」と社員からよくいわれたものです。そんな社員の声を聞くたびに、いつかは、そのような惨めな思いをさせなくてもよい会社にしよう、とただひたすら、自分に言い聞かせながら会社経営に取り組んできました。

社員を幸せにしてこその会社経営だと思います。

私が社員を叱るとき

社員の失敗に対して、私は叱ったことがありません。たとえ、その失敗がどんなに大きくても叱りません。叱らないだけでなく、失敗した社員の待遇を悪くしたこともありません。

しかし、人の迷惑になるということがわかっていながら、わざとやったことに対しては厳しくしています。たとえ、そのことがどんなに些細《ささい》な小さなことでも見逃しません。

また、社会的立場の弱い人に対して、傲慢な態度を取る社員がいたら、私はこっぴどく叱ります。

私もこれまで、さんざん他人から屈辱的な目に遭わされてきました。それだけに、会社に出入りされる仕入先の人、郵便配達をしてくださる人、出前の配達をしてくださる人などといった立場の人に接すると、昔の自分とダブって目に映るのです。社員がもし、傲慢な態度で接するようなことがあったら、私は許しません。

とくに、仕入先の人に尊大な態度をとる社員を私は許すことができません。私自身が傷つけられているような気になり、憤りを感じます。尊大な接し方をしている社員を目にしたら、その場で社員を呼びつけ、「いまやっていた格好をここでやってみろ」と厳しく詰め寄ります。そのうえで、「僕の前でできないことを、仕入先様の前でやるんじゃない」と叱り飛ばします。

会社設立の心構え

会社を単なる金儲けの手段として設立すべきではありません。たとえ自分がつくった会社であっても、個人と会社は別人格。会社は公器です。このことをきちんと自分自身に落とし込んだうえで経営に臨む覚悟が必要です。私が会社を設立した動機は、「絵に描いたような理想的株式会社」をこの世に創り出したかったからです。

それまで在籍していた勤務先社長の公私混同に愛想を尽かした私は、会社を退社しました。結婚して二年目、二十八歳のときでした。当時の私は、社長にも信頼され破格の待遇を受けていました。専務にまで引き立てていただき、専用の車まで与えられていました。

決して、自分の待遇に対する不満で辞めたのではありません。ひとえに、社長の公私混同に代表される経営姿勢への疑問と、人生観の違いだけでした。おかげさまで、私は辞めた会社を反面教師として事業を伸ばすことができました。

会社経営に携わる者の心構えとして大事なことは、大きく分けると次の三つではないかと思います。

「公私混同との決別」「商道徳の遵守」「よい社風の確立」

この三つを、自分自身に約束できない人は経営する資格がありません。いいかげんな気持ちで会社を設立して、経営できるほど甘いものではないからです。

第十章　この社会に生きる

「割れた窓」理論

一九八〇年代、ニューヨークの地下鉄は、アメリカでもっとも危険な乗り物として一般の人から敬遠されていました。

この地下鉄を、何とか健全な乗り物にしようと決意したのが、地下鉄公団の総裁に就任したデイヴィッド・ガンという人です。

ガンは、ある犯罪学者が発案した「割れた窓」理論をもとに、事態の打開を図りました。この理論とは、割れたまま修復されない窓ガラスがあれば、その建物から無法状態の雰囲気が次々と伝染していき、深刻な犯罪の呼び水になるという考えです。

そこでガンが実施したのは、地下鉄の落書きを徹底してきれいにすることでした。併せて、割れた窓ガラスの修理、立ち小便や無賃乗車の取り締まりなどを徹底して実施していったのです。

ガンのそんな取り組みに対して、たくさんの批判が集まりました。しかし、断固たる決意で取り組んだガンは、どんな批判にも決して屈しませんでした。その結果、ニューヨーク地下鉄の治安は見違えるほどよくなったのです。このことに注目した当時のジュリアーニ市長が、ニューヨークの街全体で同じことを実践したところ、犯罪が激減し、以前と比べて安全なニューヨークに生まれ変わったのです。

この実話は、大きな問題解決の前に、目の前の小さな問題解決を図るほうが先決であるという教訓ではないでしょうか。

謙虚な生き方が品性を高める

『管子《かんし》』のなかに「衣食足りて、礼節を知る」とあります。

まことに残念なことに、日本の現状は「衣食足りて、礼節を知らず」。『管子』の貴重な訓《おし》えが、はかなく聞こえるこのごろです。

衣も食も、すでに十分すぎるほどの水準に至りながら、嘆かわしい世相になりました。平気で食べ物を無駄にし、無節操に高価な衣服で着飾る様は、見るに堪《た》えません。ひとえに、人々の倫理観や道徳心の低下による品性の欠如が原因です。

品性を取り戻すには、謙虚に生きることだと思います。

つい数十年前の日本は、食べるものも十分になく、ほとんどの人が着の身着のままの毎日でした。ところが、すっかりそのころのことを忘れ、贅沢のし放題。人間が横着《おうちゃく》になってきた証拠です。

物質的に、こんなに豊かな時代になったからこそ、恵まれないころを振り返って謙虚に生きる。「ありがたい」「うれしい」「おいしくいただける」という謙虚な気持ちを持ち続けることです。

品性は、食べ物を贅沢し、高級なものを身につけたからといって、備わるものではありません。また、高い学歴や社会的地位、肩書によって身につくものでもありません。謙虚な生き方が、言葉やしぐさや人相としてそのまま表れ、その人の品性を高めます。もうそろそろ、衣食の豊富さに見合った品性の向上を急がねば、国が滅びます。

「物買ってくる、自分買ってくる」

陶芸家として著名なる河井寛次郎さんの言葉に、「物買ってくる、自分買ってくる」という至言があります。その人の買い方で、その人の人間性がわかるという意味ではないかと思います。

いまは何でも「安ければいい」という時代になってしまいました。安く買ってきたものを、いかにも高いものであるかのように見せようとする風潮は、人間の浅ましさを通り越して卑しささえ感じます。

私が毎日食べるお米は、熊本の田舎から取り寄せています。もちろん運賃はかかるし、値段も高い。そんな私に妻は「もっとおいしいお米が、安く売っていますよ」といいます。私は、妻のいう、一キロいくらというようなことにはまったく関心ありません。私の関心事は、そのお米をどういうつくり方で栽培しているか、どれだけ手間ひまかけて丁寧につくっているか、ということです。

その点、私が注文している熊本のお米農家の人は、永年にわたって地道な研究を重ね、真心を込めてつくっています。

人間社会は人間の生み出す付加価値で成り立っています。ただ「安ければいい」という考え方は、この付加価値の否定につながります。

人間がお互いに感謝しながら生活していくためには、この付加価値を認め合うことです。付加価値を無視した社会は、砂を嚙むような世の中となり、人間から生きていくエネルギーを奪い取ってしまいます。

「やせ我慢」のすすめ

昔から「武士は食わねど高楊枝《たかようじ》」ということわざがあります。このことわざは、やせ我慢をする生き方の美学を表現した言葉です。現代人が失っている大切な作法のひとつに、この「やせ我慢」の美学があるのではないかと思います。

「やせ我慢」の美学が軽視され、欲しいものには形振《なりふ》り構わず飛びつく節操のなさが人心や社会を蝕《むしば》んでいる原因ではないかと思います。

会社を創業したころの私は、食事をとる時間も惜しくて仕事に飛び回っていました。営業でお客様を訪問しますと「ちょうどお昼ですから、お食事をしていってください」といってくださるようなこともありました。そんなとき、私は「ありがとうございます。いま、食べてきたばかりです」と丁重《ていちょう》にお断りしていたことを思い出します。

実はそういっていながら、私のお腹は「クゥーッ」と泣くような空腹状態でペコペコだったのです。

「人様の前で物欲しそうな顔をしてはいけない」「人様に迷惑をかけてはいけない」——小さいころ、両親から口をすっぱくしていわれてきたことが、とっさの行動として表れたのだと思います。

私の両親に限らず、昔の日本人は「恥」に対する意識が高く、礼節を何よりも重んじていました。現代人が学ぶべきはこの高い精神性。いまこそ「やせ我慢」の美学が求められている時代だと思います。

忍耐心の鍛え方

忍耐心を鍛えるにはどうしたらいいか。方法は二つ考えられます。

ひとつは、たとえどんな小さなことでもルールをきちんと守るという姿勢。

たとえば、どんなに道路が空いていても、制限速度を守る。人や車の通行がなかったとしても、信号を必ず守る。

その際、義務感で行動すると効果は半減します。考え方としては「ルールを守れば社会が少しでもよくなる」。この姿勢です。

もうひとつは、必ずしも自分がやるべきことだけでなく、他人のぶんまで、背負っていく姿勢。

たとえば、家庭、職場、地域社会のルールを最低限守っていればよしとするのではなく、拡大して守るようにする。

出張以外、私は朝六時半までには出社し、会社周辺を掃除していま す。たとえ私が掃除に行かなくても、文句をいう人は誰もいません。それでも早く出社して掃除をするのは、社員のぶんを少しでも私が負担することができるからです。

このように、ルールを守り犠牲的精神で具体的に行動するなかで、忍耐心は鍛えられていきます。

忍耐心を鍛えるのは、肉体を鍛えるのと同じ要領です。

毎日少しずつトレーニングを続ける以外にありません。

生活感覚の欠如

生活感覚の欠如が世の中を悪くする予感がしてなりません。

私のいう生活感覚とは、人間として生きていくための「必要最低限の知恵」のことです。

昔と違っていまの日本は、「いまさえよければいい」とか「自分さえよければいい」という考え方が横行しています。そのぶん、人に対する配慮が欠落し、生活感覚が著しく低下しています。

私が少年のころ、田んぼ仕事に行くときは飲み水の入った大きなやかんを持参していました。その水をいっぺんに飲んでしまったら、家に帰るまでみんなが我慢しなければなりません。

みんなが平等に水を飲めるようにするにはどうしたらいいか。そこで当然、自分ひとりが飲める水の量を考えるようになります。このようにして、ほかの人たちのことを思いやって生きていくなかで、自然と知恵が身についていました。人間の知恵は、そういう実生活を通して育まれるものです。

ところが現代は、飲みたいだけ飲む、食べたいだけ食べることが許される豊かで便利な時代。周囲の人に配慮する必要がありません。そのぶん、人に対する思いやりがなくなり、自分で考えて工夫する知恵が出なくなりました。

いまの子供たちのもっとも不幸な側面だと思います。

女は女らしく、男は男らしく

過度の平等主義がはびこり、ジェンダーフリーが声高に叫ばれています。その結果、近年、とくに若い女性の行動がますます下品で横暴になったように思います。もともと、男と女は別々の生き物。脳の構造、肉体、生理に至るまですべて違います。まず、この事実をよく認識したうえでお互いの役割を論ずるべきだと思います。

女性が生まれながらに身につけている本能は、自分を守るという体質。この自己防衛本能は、人間が「種」を守っていくための絶対必要本能。だからこそ、子供を産み育てるという立派な役割が女性にはあるわけです。しかし、この本能は対極にある自己中心という形で表面化することがあります。そこで先人は、女性の悪い面である自己中心が表面化しないように工夫を凝らしてきました。イスラム社会の女性に対する厳しい戒律も、その知恵のひとつだといえるかもしれません。

ところが、わが日本では、ここ数十年の間にそういう工夫が崩壊してしまいました。その結果、ともすれば女性に内在する自己中心的な悪い面だけがあふれ出てきてしまっているようにも思います。

再考すべきは、いま一度、女性の弱点を支える社会制度を確立し、女性が女性らしく活躍できる社会を目指すことです。

女は女らしく、男は男らしく。

いつの時代も本来あるべき人間の姿ではないでしょうか。

小善を為し、小悪を為さず

東京は渋谷駅前のスクランブル交差点。

信号を待つ間、多くの人がタバコをくゆらせ吸い殻を道端に捨てる光景が見られます。そのせいで、近辺はいつもゴミが散乱しています。ひとりひとりの行為は些細なことであっても、積み重なれば大きな問題に発展するという実態を見る思いがします。

確かに、吸い殻ひとつ捨てようが、それほど人に迷惑をかけることではありません。また、吸い殻ひとつ拾ってみたところで、見違えるほど街がきれいになるわけでもありません。しかし、たったひとつの吸い殻であっても、落ちているのを見過ごせばいつまでもゴミとして残ります。残ったゴミはゴミを呼び、さらに多くのゴミが散乱するようになります。そうしたゴミを目にした通行人の心は荒みます。人の心というものは、小さなゴミひとつによっても乱されるものです。結果において、心の荒みは社会の荒みにまで伝染するようになります。

社会情勢を憂えて、声高に問題点を指摘する人は数多くいます。口先だけでいくら抽象的なことを説いても、具体的な行動が伴わなければ何の問題解決にもなりません。たとえそれがどんなに小さな取るに足らないことであっても、よいことは即実行。悪いことは即中止。この実践力がなければ、すべて空論に終わってしまいます。

大切なことは「小善を為し、小悪を為さず」という精神です。

「小さなこと」への大きな勇気

中国の大学でトイレ掃除をしたあと、学生と先生を対象に講演したことがあります。以下紹介するのは、学生と私の問答です。

質問の内容は、「私は大きなことをやるために大学へ来て勉強しています。掃除のような小さなことにこだわっていては、大きなことができないのではないでしょうか」というものでした。

そこで私は、その学生に「あなたは、大勢の人が見ている前で、道に落ちているタバコ一本の吸い殻を拾うことができますか」と尋ねたところ、「恥ずかしいから、とてもできません」ということでした。

この学生のいう通り、私たちは道に落ちているタバコの吸い殻ひとつ拾うのにも、相当大きな勇気がなければできません。問答の末、「私は、この吸い殻や空き缶などをただ拾うことだけが目的ではなく、日本をゴミひとつない国にしたいと思っています。これを小さなことだと思いますか」と尋ねました。学生は即座に「大きいことだと思います」と明快にいってくれました。「そうでしょう。やっている行為は小さく見えても、実は大きな意味があるんです」とお話ししました。

小さなことでも、それを実行するには大きな勇気がいります。ですから、道に落ちているゴミも、日々自分を鍛えてくれる大事な試練だと考えることもできるのではないでしょうか。

善の循環

一八九〇年、和歌山県沖で難破したトルコ軍艦の話。

そのとき、近くの大島村民が、流れ着いた六十九人の乗組員を発見しました。村民は自らの貧しい生活も顧みず、大切な食べ物まで提供して親身に世話をしました。

この話を耳にされた明治天皇は、間髪《かんぱつ》を入れずに医師団を派遣。遭難者に手厚い看護を施したうえで二隻の軍艦まで提供し、トルコまで護送したのです。

この話の、後日談。

一九八五年、イランとイラクが戦争していたときのことです。そのとき、イラクは「これから四十八時間以降、イラン上空を飛ぶ飛行機はすべて打ち落とす」と宣言しました。

世界各国はこの宣言に対して素早く対応し、同国にいる自国民の引き揚げを早々に完了しました。ところが、日本だけ対応が遅れ、二百十五人が取り残されてしまったのです。

そのとき、飛行機を派遣し、取り残された日本人を救い出してくれたのがトルコでした。それは、かつての大島村民の厚意に対する恩返しだったのです。以来、トルコと日本は友好関係を深めながら今日に至っています。

見返りを求めない行為が、善の循環をもたらしたエピソードです。

終章

国を滅ぼさぬために

後世《こうせい》の毀誉《きよ》は懼《おそ》る可《べ》し

「当今《とうこん》の毀誉《きよ》は懼《おそ》るるに足《た》らず
後世《こうせい》の毀誉《きよ》は懼《おそ》る可《べ》し
一身《いっしん》の得喪《とくそう》は慮《おもんぱか》るに足らず
子孫《しそん》の得喪《とくそう》は慮《おもんぱか》る可《べ》し」

幕末の儒学者、佐藤一斎の名著『言志四録』のなかの一節。現世の毀誉よりも後世の毀誉、わが身の利害よりも子孫へ及ぼす影響の善悪を考えよ、という訓《おし》えで、私が人生の指針にしている言葉です。

人は古来、いまのことよりあとのこと、自分のことより子孫のことを気遣って生きてきました。先人のこうした尊い訓《おし》えを授かっていながら、私たちは後世に大きなツケを回すような生き方をしているのではないでしょうか。

とくに私が危惧していることは、人の心の荒み。そして、国家や社会を信じられなくなった国民が、自分と家族だけを幸せに守ろうとする自己中心的な考え方。たいていの人は、いずれ大変なことになるだろうと薄々は感じています。ところが、まだ自分に直接火の粉《こ》が降りかかってこないため、誰も本気で解決しようとはしていません。口先だけでごまかそうとしているのが現状です。

もうそろそろ、佐藤一斎翁の訓《おし》えに謙虚に耳を傾け、この「見えざるコスト」に向き合わなければ、国が滅びます。

困難を幸運と捉える知恵を

これまでの人生で、私はさまざまな困難に遭遇してきました。しかし、いま振り返ってみますと、そのひとつひとつが必要欠くべからざることばかりだったことに気づかされます。

わが国の農業指導者として多大なる功績を遺された松田喜一さんも、生前、次のようなことを述べられていたそうです。

「農産物の値段は、下がれば下がるほどいい」

理由は「生活のレベルを落として一所懸命対処することで、貧困に耐える力が身に備わる。値段が底を打つまで頑張れば、市況が戻ったとき、低い生活レベルは習慣化している。あとは、生活が楽になる一方」だから。

私の場合も、疎開生活で貧しさを体験したため、どんな粗食や労働にも耐えられる体質が身につきました。上京後、さまざまな困難を克服し今日に至ることができたのは、そのときの体験のおかげです。

現在、日本の国家財政も危機に瀕しています。

しかし、国民の生活水準は世界中ではるか上位に位置しています。このような時代、安易な気持ちで政府に援助を求めるよりも、国民ひとりひとりが環境に耐える力を養うほうが近道だと思います。

困難に遭《あ》っても、その困難を災難にしてしまうのではなく、幸運のもとにして現状打開していく知恵が何よりも大切なことです。

紳士が少なき国

恥を知り、潔い。礼節をわきまえて、謙虚。社会正義に対して、自己犠牲を厭《いと》わない。挙げればまだありますが、おおよそ、以上のことが紳士の条件として考えられます。

この条件に、いまの日本人を当てはめてみますと、いかに紳士が少なくなったかに気づかされます。もちろん、人様を批評する資格を私は持ち合わせていません。その私から見てさえそのように感じるのは、日本全体の品性がいかに低下しているかの証《あかし》ではないでしょうか。

とくに、社会的地位が高く、高学歴の人のなかに、紳士とはいい難い振る舞いをする人が多いのは嘆かわしいことです。

飛行機に乗ったとき、わがままで傲慢な人が多いのは、エコノミー席よりもファーストクラス、スーパーシートの乗客という事実。また、いまの日本を国難ともいえる状態に陥れた張本人であるにもかかわらず、恥じることなく議席に座り続ける政治家。さらには、会社を破綻させながら責任逃れに終始する経営者。こうした、自分の利益のためには何人《なんぴと》をも顧みない人々は、いずれも、紳士の資格に欠けている例です。

このような人たちの姿を、いやでも目にしなければならない日本の子供は、世界で一番不幸せではないかと思います。

「レディス・アンド・ジェントルメン」と呼ばれて、赤面するような生き方だけはしないことです。

安物買いが国を滅ぼす

昨今は、安ければ何でもいいという風潮が蔓延《まんえん》しています。生産者の努力を踏みにじるような価格破壊が急速に進んでいます。

その結果、本物をつくる生産者が、苦境に立たされています。

私の知っている農家の方は、農薬・化学肥料・除草剤の類《たぐい》を一切使用していません。自分で工夫した酵素と独自の耕耘《こううん》法のみによって稲作をしています。藁《わら》は自然の葦《あし》のように強く、昭和四十三年以来、今日まで、どんな台風のときにも倒伏《とうふく》したことがないそうです。

ひたすら、ご自身の使命感を変えることなく、困難を克服し、見事な農法を確立してこられた成果です。その過程では、さまざまな陰湿な妨害を受けたということも伺いました。

私は、このような人こそ国の宝だと思います。せっかくの国の宝も、その努力を正当に理解し支持する人がいなければ守ることはできません。表面的な価格差だけでものを選ぶ人ばかりだと、やがて至誠の努力をする人もいなくなります。そうなれば、自らの健康も伝統文化も守れなくなるばかりか、本物を手に入れるためには、かえって高額な代金を支払わなければならなくなります。天に向かって唾を吐くとは、まさに、このことでありましょう。

ことわざに「安物買いは銭失い」という教えがあります。「安物買い」が昂《こう》じて、国を滅ぼすことにならなければいいのですが……。

景気回復への道

車の渋滞、ビルの建設ラッシュ、ブランド品を買いあさる人々の群れ……。この光景を見る限り、日本は好況の真っただ中。ところが、実感としては、不況感がなかなか払拭《ふっしょく》されません。

なぜか。原因は、それぞれの日本人が、自分さえよければ他の人のことは構わない、という生き方をしているからだと思います。

いまの日本は、ものも売れ、仕事もいっぱいあります。しかし、適正な付加価値を認め合って成り立っている仕事はそんなにありません。お互い、自分だけが得をすればいいという考えだからです。

自分の利益ばかりを優先しますと、当然、相手に過大な負担と犠牲を強いることになります。

その結果、お互いがただ忙しいばかりで、努力に見合った成果をいつまでも得られません。残るのは、回復しない疲労感とやり場のない怒りだけ。これでは本当の景気回復にはつながりません。

景気回復を本気で求めるのであれば、ほんの少しでも相手の付加価値を認める思いやりを示すことです。そうすれば、たとえ仕事の量がいまより減っても、好況への道を確実に歩み始めることでしょう。

もちろん、自らも価値ある仕事を誠実にすることは当然のことです。そのうえで、他者の努力も認め合う社会になれば、自然と景気はよくなります。

国家破綻の回避策

政治家・経済人・有識者の間で、財政の再建が先か、経済の再建が先かが議論されてきました。にもかかわらず、いまだ十分な結論に至らず、財政にも経済にもなかなか明るさが見えません。

原因は、この課題に責任ある結論を出し、毅然たる姿勢で取り組む人がいないからだと思います。

明快な結論を得るためには、最低、議論の目的と問題に対する姿勢を一致させなければなりません。

ところが、相も変わらず、目を見張るような会場で、場にそぐわないきらびやかな装身具に身を包み議論している様は何なのでしょうか。いまのままで少しも困らない人が、いくら議論を重ねても結論に至るはずはありません。尊大な態度で、ふんぞり返っている姿には反発さえ覚えます。とても、問題意識を持って真剣に取り組んでいるとは思えません。十分な議論もないまま、軽々に「財政破綻」「金融破綻」と結論づけられるのも不愉快です。

よく考えてみますと、これらの破綻は政治家の「無責任」という精神の破綻から生じたものではありませんか。

権力欲だけに貪欲で、言動不一致の無責任。

これらの破綻を修復するには、政治家が政治家としての責任を果たすという精神の立て直しこそ、優先されるべきです。

空《から》の盃《さかずき》の献酬《けんしゅう》

「空の盃を献酬しているのと同じ」

空の徳利と盃を持って何回やり取りしても、それは形だけのことであって何の意味もない、という意。

夏目漱石の名作『こころ』のなかの一節です。

この言葉に当てはまる事柄が、いまの日本でも多くなりました。

たとえば、テレビに登場する政治家の発言。二言目には、天下、国家、正義、平和、民主主義、弱者救済等々を口にする政治家。

誰も反対できないこれらの言葉を大上段に振りかざして、議論を進める政治家を私は信頼できません。言葉だけがひとり歩きし、「空の盃」を勧められている気がしてならないのです。言葉が立派であればあるほど、私には虚《うつ》ろな響きとして伝わってきます。

政治家の言葉は、日ごろから真に国家のことを思い、それに沿った正しい行いをしている人の口から出なければ、国民の心を打つことはありません。

立派な言葉を唱えながら、自己の利権や権力の座を守ることに奔走する姿は、政治への不信感を増加させるばかりです。

大切なことは、いっていることと、やっていることが、どれだけ一致しているかということ。傲慢な態度で内容の伴わない発言を繰り返す人は、「空の盃を献酬しているのと同じ」ではないでしょうか。

「善党」をつくって日本をよくしよう

「とかくめだかは群れたがる」

自信のない人、付和雷同《ふわらいどう》の人、日和見《ひよりみ》主義の人。こうした人は何かというと、徒党を組みたがります。反対に、自信のある人、信念の固い人、周囲に媚《こ》びへつらわない人は、たとえひとりぼっちになっても、むやみに徒党は組みません。

世によく「悪党」という言い方をします。不思議なことに、ひとりでも「悪党」。悪はひとりでも、徒党を組んだみたいに力があるという意味です。困ったことに、悪人は、ほっといてもお互いがますます近づき、大きな力に増殖していく特性があります。

ところが「悪党」に対して「善党」とはいいません。なぜか。善人は、恥も外聞もなく周囲の人に頼るということはしないからです。善人であれば善人であるほど、自分のやったことを人に吹聴《ふいちょう》するようなこともしません。それだけに、なかなか団結しにくいのです。

私は左翼運動には共感できませんが、ひとつだけ見習うべきことがあります。少数派にもかかわらず、団結して行動することによって、社会的影響力を増している事実です。社会が平安な時代には、善人はばらばらに存在していても構いません。むしろそのほうが健全といえます。しかし、いまは国家危急のとき。善人が協力し合い「善党」という旗印の下、大同団結するときではないかと思います。

靖国神社を参拝する理由

私は毎年、靖国神社の参拝に行くことにしています。

昭和十九年九月、満十一歳まで私は靖国神社のすぐ裏に住み、神社の境内が通学路でした。往きも帰りも、本殿横で立ち止まり、帽子をとってお辞儀するのが習慣になっていました。子供心に何かとてもよいことをしたような気持ちになっていたものです。亡くなられた方々の御霊に頭を下げて礼を尽くすのは、理屈ではありません。人間として当たり前の気持ちをそのまま形に表しているだけです。

靖国神社を軍国主義の象徴として非難する人がいます。そういう人は、何事においても自己の権利ばかりを主張したり、むやみに人を誹《ひ》謗《ぼう》する傾向のある人です。自分の主張だけを声高に正当化し、大方の人々の平穏な暮らしを妨げている人です。

私の願いは、ひとりでも多くの国民に靖国神社へ参拝してほしいという純粋な気持ちだけです。だからといって、人を無理やり誘ったり、強要するつもりはありません。反対に、参拝中止を強要されても、私がやめるようなことはしません。

他国からの謂《いわ》れのない中傷に屈し、参拝を中止したり、躊躇《ためら》っている政治家がいます。まことに情けなく嘆かわしいことです。

靖国神社に限らず神様に対し、自然に頭が下がるのは、人間としてごく当たり前の気持ちではないでしょうか。

あとがき

次の〝うた〟は、「複写ハガキ」の実践者・坂田道信先生が、鍵山秀三郎相談役への熱誠を認《したた》められたものです。その文章をそのままご紹介して、あとがきに代えさせていただきます。

夜明けの明星の〝うた〟

朝暗いうちに　星明かりを頼りに
どこまでも　どこまでも　東にむかって　歩き続けます。
その星のもと　働きものであった父母も　そのまた　祖父母も　梅ぼしの入った　二食の　弁当を持って
仕事に出かけるのが　常でした。
我らの民族日本は　はるか古代か

ら代々早起きと身を粉にしての勤勉
によって　造られた誇り高き国です。
　私の村からずっと遠く　東の彼方
に多くの人々から　菩薩だと　敬慕
されて止まない　心が広く　暖かい
お方　早起きで　黙々とお掃除を
して　密かに国造りに　励んでいら
れる　神様が　おられます。
この間　そのお方が「複写ハガキ」
七百一冊目に入ったと　そっと　お
しえて　くださいました。

この〝うた〟は石に刻み込まれ、平成十八年四月一日、鹿児島にある鎌田建設㈱（鎌田善政社長）様の玄関に石碑として建立されました。

平成十八年六月

亀井民治

<著者略歴>
鍵山秀三郎（かぎやま　ひでさぶろう）
昭和８年、東京生まれ。昭和27年、疎開先の岐阜県立東濃高校卒業。昭和28年、デトロイト商会入社。昭和36年、ローヤルを創業し社長に就任。平成９年、社名をイエローハットに変更。平成10年、同社取締役相談役となる。創業以来続けている「掃除」に多くの人が共鳴し、近年は掃除運動が内外に広がっている。「日本を美しくする会」相談役。
著書に、『凡事徹底』『鍵山秀三郎語録』『小さな実践の一歩から』『日々これ掃除』『掃除に学んだ人生の法則』（以上、致知出版社）。『鍵山秀三郎「一日一話」』『掃除道』、日めくりカレンダー『鍵山秀三郎　凡事徹底』、CD：『鍵山秀三郎　感動の講話集』（以上、PHP研究所）。DVD：鍵山秀三郎『掃除心得と生活作法』（システムジャパン）がある。

<編者略歴>
亀井民治（かめい　たみはる）
昭和21年、鹿児島県生まれ。昭和45年、東京電機大学（二部）機械工学科卒業。高周波熱錬を経て、昭和50年に環境整備機器の製造販売を行うエッチアンドケイを設立、社長に就任。平成14年、ローヤルを改組設立。平成15年、ローヤルをシステムジャパンに社名変更し、社長に就任。人材育成の講師や経営コンサルティング、講演活動に従事。薩摩大使。
著書に『西郷隆盛に学ぶ指導者像』（不尽叢書刊行会）、『実践経営指南録』（三五館）。
企画編集に、日めくりカレンダー『鍵山秀三郎　凡事徹底』、書籍『鍵山秀三郎「一日一話」』『掃除道』、CD：『鍵山秀三郎　感動の講話集』（以上、PHP研究所）。DVD：鍵山秀三郎『掃除心得と生活作法』（システムジャパン）がある。

［株式会社システムジャパン］
TEL 045-914-0608
Eメール：kamei@a.biglobe.ne.jp

ひとつ拾えば、ひとつだけきれいになる
心を洗い、心を磨く生き方

2006年7月7日　第1版第1刷発行
2022年2月15日　第1版第25刷発行

著　者　鍵山秀三郎
編　者　亀井民治
発行者　永田貴之
発行所　株式会社ＰＨＰ研究所
東京本部　〒135-8137 江東区豊洲5-6-52
第二制作部　☎03-3520-9619(編集)
普及部　☎03-3520-9630(販売)
京都本部　〒601-8411 京都市南区西九条北ノ内町11
PHP INTERFACE　https://www.php.co.jp/

印刷所
製本所　図書印刷株式会社

ISBN4-569-65235-2

PHPの本

やりたいことをやれ

本田宗一郎 著

あふれるばかりの人間的な魅力と、ものごとの本質を掴み切る飛びぬけた洞察力！読む人すべてに喜びと勇気を与える珠玉の言葉の数々。

定価 本体一、〇〇〇円
（税別）

PHPの本

掃除道

会社が変わる・学校が変わる・社会が変わる

鍵山秀三郎 著　亀井民治 編

全国に広がる「日本を美しくする会」の相談役が、掃除の方法を丁寧に解説するとともに、企業・学校・社会がどう変わったかを紹介する。

定価 本体一、三〇〇円（税別）